1 MONTH OF
FREE
READING

at

www.ForgottenBooks.com

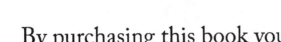

By purchasing this book you are eligible for one month membership to ForgottenBooks.com, giving you unlimited access to our entire collection of over 1,000,000 titles via our web site and mobile apps.

To claim your free month visit:

www.forgottenbooks.com/free964909

ISBN 978-0-260-69842-1
PIBN 10964909

Forgotten Books is a registered trademark of FB &c Ltd.
Copyright © 2018 FB &c Ltd.
FB &c Ltd, Dalton House, 60 Windsor Avenue, London, SW19 2RR.
Company number 08720141. Registered in England and Wales.

For support please visit www.forgottenbooks.com

LE PROBLÈME

DES

RETRAITES OUVRIÈRES

ENVISAGÉ AU POINT DE VUE FINANCIER

obligatoire. Comme l'enseigne M. Jay (1) : « L'assurance ouvrière sera obligatoire ou elle ne sera pas. » C'est là notre conviction.

Mais, même l'accord fait sur ce point capital, reste toute la question des combinaisons financières à adopter pour l'organisation pratique du service des retraites. A l'heure actuelle, après de nombreuses études faites sur la question, le problème reste entier, aussi ardu, aussi complexe, aussi formidable dans ses données et dans ses conséquences, et l'on peut dire de la question financière qu'elle est aujourd'hui le véritable nœud du problème des retraites ouvrières.

C'est à l'étude des questions d'ordre financier soulevées par cette grande réforme que nous bornerons notre travail. Aussi bien est-ce une tâche qui se suffit à elle-même, et dont nous indiquerons tout de suite les grandes lignes.

Nous plaçant volontairement dans l'hypothèse d'une assurance obligatoire et d'une assurance d'Etat, nous rechercherons d'abord quelles sont les charges qu'entraînerait la réforme projetée. A ces charges nous opposerons les ressources et, pour la détermination de celles-ci, nous serons amenés à rechercher quel est le système financier qu'il convient d'adopter pour réaliser les fins qu'on se propose, au mieux des intérêts en présence. L'étude technique des systèmes nous conduisant à adopter un régime basé sur la capitalisation, nous ferons une place à part à la grosse

(1) Voir aussi, *Revue d'Economie politique*, 1899, p. 105 ; Raoul Jay, *L'assurance ouvrière obligatoire.*

question de l'emploi des fonds et du placement des capitaux, qui est une des pierres d'achoppement du système. Puis nous envisagerons, toujours au point de vue financier, quels sont les meilleurs types d'organes qui conviennent à l'institution projetée. Enfin il nous restera à examiner quelles sont les conséquences budgétaires qu'entraînera la réforme, quelles sont les charges qu'elle fera peser sur la masse des contribuables et quels sont les voies et moyens qu'on pourrait adopter pour en assurer l'équilibre budgétaire.

Dans toutes ces questions, nous aurons en vue principalement les applications immédiates qui pourraient être faites dans notre pays, et nous nous inspirerons constamment des projets en cours, des études et des rapports déjà publiés. Mais l'étude des faits nous portera aussi à élargir le champ de nos investigations et nous irons demander aux législations, aux documents étrangers de nous apporter l'appui de leur témoignage. L'expérience allemande a, en ces matières, une importance trop grande pour pouvoir être négligée ; nous nous efforcerons à chaque pas d'en tirer les enseignements qu'elle comporte.

PREMIÈRE PARTIE

BASES TECHNIQUES ET FINANCIÈRES DU PROBLÈME

DÉTERMINATION DES RESSOURCES ET DES CHARGES

CHAPITRE PREMIER

GÉNÉRALITÉS.

Qu'il s'agisse d'une assurance libre ou d'une assurance obligatoire, l'organisation d'un système d'assurances ouvrières contre la vieillesse et l'invalidité suppose la connaissance de divers éléments fondamentaux qui sont les bases mêmes du problème.

Ce sont, d'une part, les charges auxquelles l'assureur doit faire face ; d'autre part, les ressources dont il peut disposer.

Or, si pour un assureur libre le problème est relativement facile, car le nombre de ses assurés est limité et connu d'avance, s'il peut toujours maintenir ses engagements à la hauteur de ses ressources, il n'en est plus de même dès qu'il s'agit d'une assurance obligatoire s'étendant à toute la population active d'un pays. Ici en effet les données fondamentales du problème sont moins faciles à déterminer. Au début surtout de son fonctionnement, la nouvelle assurance se heurte à une insuffisance ou même à une absence totale de documents statistiques auxquels elle est obligée de suppléer par des calculs approximatifs et des prévisions plus ou moins exactes.

Dans ces conditions, le calcul des charges d'un système d'assurance obligatoire ne saurait être qu'un cadre général, un échafaudage destiné à fixer les grandes lignes de l'édifice. Mais c'est un échafaudage nécessaire. Si nombreuses que soient dans ce calcul les causes d'erreur, il est indispensable qu'il soit fait, ne serait-ce que pour montrer exactement la façon dont le problème se pose et la façon dont il se développe, au fur et à mesure du fonctionnement de la caisse d'assurance.

La détermination des ressources avec lesquelles la Caisse fera face à ses engagements n'est pas moins importante. Avant même d'adopter un système financier, il faut savoir à quelles sources on puisera, il faut à l'état des dépenses opposer un état des recettes. Ici encore le problème ne se pose pas de la même façon pour une assurance libre ou pour une assurance d'Etat. Si une Compagnie privée peut toujours restreindre ses engagements de manière à ce qu'ils ne dépassent jamais la limite jugée la plus prudente, l'Etat lui ne saurait agir de même. L'assurance obligatoire a en effet un caractère social et nécessaire qui fait qu'elle doit s'étendre à tous les individus présentant les conditions requises par la loi. L'Etat ne peut à un moment donné restreindre ses engagements et les dépenses de l'assurance s'offrent à lui avec un caractère de nécessité sociale qu'il ne peut éluder. En outre, ce caractère social des assurances ouvrières fait que les sommes nécessaires à leur fonctionnement ne peuvent être demandées en totalité aux assurés eux-mêmes. La prime à payer par l'ouvrier ne couvre pas le risque, comme dans une assurance privée. Il a donc un déficit à combler. L'Etat aura à intervenir et à prendre les mesures nécessaires pour parer à ce déficit. La détermination des ressources soulève ainsi des questions propres à l'assurance d'Etat.

En résumé, savoir exactement ce que la caisse d'assurance aura à payer à chaque époque de son fonctionnement eu égard au nombre des participants, déterminer en regard les ressources auxquelles elle pourra faire appel pour assurer la péréquation des recettes et des charges, voilà les données premières du problème.

CHAPITRE II

Il s'agit de déterminer quels seront annuellement les engagements contractés par la caisse d'assurance et quelles sont les dépenses effectives que ces engagements entraîneront. Cette évaluation dépend de deux sortes d'éléments :

1° Un élément variable selon les projets de loi : la nature et le montant des allocations servies par la caisse ;

2° Un élément permanent qui constitue la donnée primordiale du problème : le nombre des bénéficiaires de l'assurance, population assurée et population retraitée.

La multiplication de ces deux facteurs, allocations servies par nombre de parties prenantes, conduit précisément à l'approximation cherchée.

§ 1. — Nature et montant des allocations servies.

Le but d'une institution de retraites ouvrières est d'assurer aux travailleurs âgés ou incapables de gagner leur vie, des ressources qui leur permettent de subsister. Le risque à couvrir ainsi est double : il s'agit à la fois de la vieillesse et de l'invalidité, et selon que l'on donnera la prépondérance à l'un ou l'autre de ces deux risques, on aura une loi d'assurance contre l'invalidité, comme est principalement la loi allemande, ou bien une loi de retraites ouvrières proprement dite comme sont principalement les projets pris en considération par la Chambre française.

Quel que soit d'ailleurs le caractère général de la loi, on conçoit que les allocations servies aux assurés puissent affecter deux formes différentes : elles peuvent consister, ou bien en sommes une fois versées, en capitaux payés une fois pour toutes aux bénéficiaires, au moment où se produit le fait générateur du droit à l'assurance ; ou bien, en rentes payées tant que durera l'état d'invalidité ou tant que vivra le travailleur âgé. Dans ce dernier cas, l'allocation prend le nom de rente d'invalidité ou de pension de vieillesse.

De ces deux systèmes, paiement d'un capital ou service d'une rente, quel est celui à adopter ? Le but même de l'institution que nous étudions doit nous répondre. Il s'agit en effet d'une institution de prévoyance, il s'agit de faire pour l'ouvrier ce que l'insuffisance de son salaire l'empêche de faire à lui seul, il faut lui assurer le pain de ses vieux jours. Il faut donc compter avec son imprévoyance possible, et le paiement d'un capital présente à ce point de vue ce grave inconvénient qu'une somme une fois payée peut être dispersée au bout de peu de temps. Au contraire, l'allocation d'une rente ayant tous les caractères d'une pension alimentaire répond au but même qu'on se propose. C'est donc le système des rentes et des pensions inaliénables et insaisissables que l'on doit adopter. C'est celui qui est adopté en fait par toutes les législations.

Pourtant, on rencontre dans la plupart des projets français des dispositions tendant au paiement de sommes une fois versées, au cas notamment de décès de l'assuré, à certains membres de sa famille. La véritable solution consisterait également ici à servir des rentes au décès ; on aurait ainsi joint à l'assurance contre la vieillesse et à l'assurance contre l'invalidité, l'assurance au cas de mort du chef de famille, et cette trilogie mettrait la famille ouvrière à l'abri de tous les périls qui la menacent. Mais il n'a pas paru encore possible d'organiser l'assurance au décès, à raison des charges supplémentaires que cette assurance entraînerait.

Aussi le législateur allemand, comme les auteurs des projets français, se sont-ils contentés de servir à la famille de l'assuré, en cas de mort, des secours sous forme de capitaux une fois versés. Pour empêcher que ces capitaux soient trop rapidement gaspillés, les projets français disposent qu'ils seront payés à la veuve et aux enfants orphelins en un certain nombre de mensualités.

Ainsi, rentes de vieillesse, rentes d'invalidité, secours temporaires à la veuve et aux enfants mineurs en cas de décès de l'assuré, telles sont les principales allocations qu'il semble actuellement possible de servir aux bénéficiaires de l'assurance.

Quant au montant de ces allocations, il varie essentiellement pour chaque assuré, car le calcul de la rente résulte de la combinaison d'un certain nombre d'éléments variables, tels que la quotité des salaires, le nombre et l'importance des cotisations versées, le montant de la participation financière de l'Etat. Ces éléments varient eux-mêmes selon chaque législation.

Il est cependant un élément de l'allocation auquel on a cherché à donner une certaine fixité, c'est la somme à fournir par l'Etat, dans tous les cas où l'Etat intervient pour compléter les ressources propres de l'assurance.

Ici, sous l'empire de nécessités budgétaires, la plupart des législations ont éprouvé le besoin de fixer certaines limites. Dans les projets français, le maximum à fournir par l'Etat est en corrélation avec le minimum d'allocation totale considéré comme nécessaire à la vie de l'ouvrier.

La rente sera, par exemple, d'abord ce que l'auront faite les versements de l'assuré, puis l'Etat complètera la somme ainsi obtenue jusqu'à concurrence du minimum déterminé. Ce minimum dans les projets français a varié de 240 à 720 francs. Le dernier texte voté par la Chambre en février 1906 le porte uniformément à 360 francs pour toutes les catégories d'assurés. En Allemagne, l'allocation de l'Empire a un caractère de fixité encore plus grand, puisqu'elle consiste, dans tous les cas, dans le versement d'une somme de 50 marcs s'ajoutant à la rente.

La possibilité de la réforme étant intimement liée aux facultés financières de l'Etat, l'évaluation des charges en ce qui le concerne présente le plus grand intérêt. Mais il ne suffit pas de connaître le montant des allocations servies soit par l'Etat, soit par la caisse, il faut surtout connaître le nombre de bénéficiaires auxquels elles s'appliquent.

§ 2. — L'élément population.

La population d'une caisse de retraites se compose de deux parties : la population affiliée et la population retraitée. Connaissant la première, on doit, en appliquant le calcul de survie d'après les tables de mortalité, déterminer la seconde. Et la connaissance de ces deux catégories de population donne respectivement le chiffre des engagements et des dépenses annuelles de la caisse.

Mais ces deux populations, population assurée et population retraitée, varient, au cours du fonctionnement de la caisse, suivant certaines lois qu'il importe de retracer. Nous nous placerons donc, en premier lieu, dans le cas théorique d'une caisse comprenant un nombre de personnes arbitrairement choisi et nous étudierons les modifications qui se produisent au sein de cette population.

A. — *Fonctionnement théorique d'une caisse de retraites à entrée constante de* 100.000 *adhérents de* 25 *ans chaque année* (1).

Soit une caisse de retraites alimentée par un flot constant de 100.000 adhérents de 25 ans chaque année. Nous supposons :

1º Que les ayant droits sont tous affiliés au même âge, 25 ans ;

(1) V. Tableau dressé par la Caisse nationale des retraites pour la vieillesse, reproduit ci-après, p. 18 et 19.

2º Que le nombre des nouveaux affiliés 100.000 reste constant ;

3º Que tous les assurés ont droit à la retraite à l'âge de 60 ans, c'est-à-dire au bout de 35 années d'affiliation.

Ces conditions étant posées, il importe de savoir :

1º De combien de participants se composera chaque année la population affiliée de la caisse ;

2º Combien d'affiliés arriveront à l'âge de la retraite ;

3º De combien la population retraitée s'augmentera chaque année jusqu'à l'époque du parfait équilibre.

Pour cela il faut tenir compte, d'une part, des décès qui se produisent et, d'autre part, des entrées nouvelles. D'où la nécessité de faire appel à des tables de mortalité, qui sont plutôt des tables de survie, donnant le nombre de survivants à chaque âge de la population affiliée.

C'est ainsi que si l'on prend les chiffres établis par la Caisse nationale des retraites pour la vieillesse, d'après sa propre table de mortalité (table désignée par les initiales C. R.), on arrive aux constatations suivantes :

1º *En ce qui concerne le nombre des affiliés* :

La première année, la caisse se compose de 100.000 adhérents de 25 ans. La deuxième année, le nombre des survivants de ce premier groupe est de 99.260, mais il entre en même temps 100.000 adhérents nouveaux. La population totale de la caisse au début de la deuxième année est donc de 99.260 + 100.000 = 199.260 affiliés.

La troisième année, le nombre des survivants du premier groupe est de 98.544, le nombre des survivants du 2e groupe est de 99.260 ; il entre d'autre part 100.000 membres nouveaux. La population totale au début de la 3e année est donc de $98.544 + 99.260 + 100.000 = 297.804$ affiliés.

Et ainsi de suite. Au début de la 36e année, la population totale de la caisse est égale, d'après le tableau ci-annexé, à 3.096.309 membres.

Mais à ce moment, les affiliés du 1er groupe ont atteint l'âge de $25 + 35 = 60$ ans, c'est-à-dire l'âge de la retraite. A partir de ce moment donc, les survivants du groupe d'affiliés le plus ancien sont mis à la retraite et ne comptent plus comme affiliés proprement dits. Dès lors, les 100.000 adhésions nouvelles se trouvent chaque année compensées, d'une part par les décès, d'autre part par les mises à la retraite. En effet, au bout de 35 ans, sur les 100.000 adhérents du 1er groupe, 33.543 sont morts et les 66.457 survivants sont mis à la retraite. Cela compense exactement le chiffre des 100.000 adhésions nouvelles.

A partir donc des premières mises à la retraite, le chiffre des affiliés qui a atteint sa valeur maxima reste constant.

2o *En ce qui concerne le nombre des retraités.*

Pendant les 35 premières années de son fonctionnement la caisse des retraites n'a pas d'allocations à servir. Le service des retraites commence seulement au bout de 35 ans révolus au moment où les survivants du premier groupe sont admis à la retraite, les survivants de 60 ans sont dans notre hypothèse au nombre de 66.457.

A partir de ce moment, il va se produire dans la population retraitée, un mouvement analogue à celui que nous avons constaté pour la population affiliée. Cette population va croître un certain temps pour atteindre ensuite un niveau constant. En effet, un an après les premières mises à la retraite, il ne reste plus que 64.725 retraités du 1er groupe ; mais à ce nombre s'ajoutent 66.457 nouveaux retraités, ce qui donne un total de 66.457 + 64.725 = 131.182 retraités au bout de deux ans, de 199.309 retraités au bout de trois ans, et ainsi de suite.

Le nombre des retraités augmente ainsi pendant un nombre d'années qui correspond à la différence entre l'âge le plus reculé de la vie humaine et l'âge de la retraite. Si l'on prend 100 ans pour le premier et 60 ans pour le second, on calcule aisément que la population retraitée augmentera pendant 40 ans environ.

A ce moment, les derniers survivants du premier groupe de retraités de 60 ans disparaîtront. Tous les disparus du premier groupe seront exactement remplacés par un nombre égal de nouveaux retraités. Il y aura donc compensation entre le nombre des décès et le nombre des nouvelles admissions à la retraite ; c'est-à-dire que le nombre des retraités, qui a atteint sa valeur maxima, restera désormais constant.

En résumé, l'existence d'une caisse de retraites qui reçoit chaque année 100.000 adhérents de 25 ans, mis à la retraite à 60 ans, peut se diviser en trois périodes :

1º Pendant les 35 premières années, le nombre des affiliés augmente.

2º A partir de la 36e année, le nombre des affiliés devient constant ; par contre le nombre des retraités augmente.

3° A partir de la 100 — 25 = 75ᵉ année, le nombre des retraités à son tour devient constant. Par suite les charges de la caisse le sont aussi. C'est la période de plein fonctionnement ou de roulement continu.

Le tableau ci-dessous dressé par la Caisse nationale des retraites pour la vieillesse permet de suivre la marche de la population dans l'hypothèse donnée.

Composition d'une Caisse de retraites dans l'hypothèse d'une entrée constante de 100.000 adhérents de 25 ans chaque année.

ANNÉES	SURVIVANTS	NOMBRE TOTAL des membres	Nombre des membres âgés de 65 ans et plus
1ʳᵉ année.	100.000	100.000	»
2 —	99.260	199.260	
3 ·	98.544	297.804	
4 ·	97.845	395.649	
5 ·	97.155	492.804	
6 ·	96.467	589.271	
7 ·	95.779	685.050	
8 ·	95.089	780.139	
9 ·	94.396	874.535	
10 ·	93.704	968.239	»
11 ·	93.008	1.061.247	»
12 ·	92.311	1.153.558	
13 ·	91.587	1.245.145	
14 ·	90.889	1.336.034	
15 ·	90.156	1.426.190	
16 ·	89.403	1.515.593	
17 ·	88.629	1.604.222	
18 ·	87.836	1.692.058	
19 ·	87.026	1.779.084	
20 ·	86.198	1.865.282	
21 ·	85.353	1.950.635	
22 ·	84.483	2.035.118	
23 ·	83.578	2.118.696	
24 ·	82.629	2.201.325	
25 ·	81.624	2.282.949	
26 ·	80.556	2.363.505	

ANNÉES	SURVIVANTS	NOMBRE TOTAL des membres	Nombre des membres âgés de 65 ans et plus
27ᵉ année	79.419	2.442.924	»
28 —	78.214	2.521.138	
29	76.944	2.598.082	
30	75.613	2.673.695	
31	74.225	2.747.920	
32	72.783	2.820.703	»
33	71.287	2.891.990	
34	69.735	2.961.725	
35	68.127	3.029.852	
36	66.457	3.096.309	
37	64.725	3.161.034	
38	62.925	3.223.959	
39	61.051	3.285.010	»
40	59.097	3.344.107	»
41	57.059	3.401.166	57.059
42	54·929	3.456.095	111.988
43	52.701	3.508.796	164.689
44	50.376	3.559.172	215.065
45	47.956	3.607.128	263.021
46	45.443	3.652.571	308.464
47	42.844	3.695.415	351.308
48	40.170	3.735.585	391.478
49	37.430	3.773.015	428.908
50	34.637	3.807.652	463.545
51	31.815	3.839.467	495.360
52	28.981	3.868.448	524.341
53	26.165	3.894.613	550.506
54	23.395	3.918.008	573.901
55	20.704	3.938.712	594.705
56	18.116	3.956.828	612.721
57	15.663	3.972.491	628.384
58	13.364	3.985.855	641.748
59	11.241	3.997.096	652.989
60	9.306	4.006.402	662.295
61	7.576	4.013.978	669.871
62	6.059	4.020.037	676.430
63	4.785	4.024.795	680.688
64	3.667	4.028.462	684.355
65	2.777	4.031.239	687.132
66	2.067	4.033.306	689.199
67	1.515	4.034.821	690.714
68	1.093	4.035.914	691.807

ANNÉES	SURVIVANTS	NOMBRE TOTAL des membres	Nombre des membres âgés de 65 ans et plus
69ᵉ année.	775	4.036.689	692.582
70 —	541	4.037.230	693.123
71 .	371	4 037.601	693.494
72 .	247	4.037.848	693.741
73 .	159	4.038.007	693.900
74 .	99	4.038.106	693.999
75 .	57	4.038.163	694.056
76 .	25	4.038.188	694.081
77 .	10	4.038.198	694.091
78 .	2	4.038.200	694.093
79 —	»	4.038.200	694.093
80 et suiv.		Etat constant.	

B. — *Calcul des charges appliqué à la population française.*

Que si, après avoir éclairé le problème par cet exemple théorique, on cherche à déterminer les charges d'une caisse de retraites ouvrières, telles qu'elles résulteraient de l'état présent de la population française, la question se complique singulièrement.

Une pareille détermination en effet ne peut résulter que de bonnes statistiques, assez complètes et détaillées. Or, ces statistiques font en grande partie défaut. La plupart des projets relatifs aux retraites ouvrières prévoient en effet, outre la pension de vieillesse, une rente d'invalidité pour le cas où le travailleur viendrait à être frappé d'incapacité de travail avant l'âge fixé pour la retraite. Or, en ce qui concerne la survenance de l'invalidité, la mortalité spéciale aux invalides, le retour à la santé et à la capacité partielle ou totale de travailler, nous sommes en France dépourvus de tous documents. M. P. Guieysse, dans son rapport de 1904 (1), se reporte à la statistique allemande de l'invalidité. C'est en effet le seul document fondé sur l'expérience que la science possède.

Mais, même en ce qui concerne le risque de vieillesse proprement dit, il faut remarquer que nous n'avons pas en France de statistiques nous donnant la répartition détaillée par sexe et par âge de la population salariée. La répartition par âge d'après les résultats des recensements de 1896 et de 1901 n'est faite que par grandes périodes.

La fixation même du nombre des salariés existants dans notre pays laisse place à l'erreur. Un grand nombre de travailleurs isolés, de travailleurs à domicile notamment, ne sont aisément classables ni dans la catégorie des patrons ni dans celle des ouvriers.

De plus, en ce qui concerne la détermination du nombre des retraités que comporte la population ouvrière française, les calculs faits ne tiennent compte que de la mortalité. Or il y a d'autres faits que la mort qui font qu'un ouvrier cesse d'être un salarié, il y a par exemple l'accession au patronat dont il est à peu près impossible de tenir compte.

Les tables de mortalité elles-mêmes, dont on se sert ici, sont des tables spéciales dressées pour une catégorie particulière de personnes. Ce sont, ou bien les tables établies par les grandes Compagnies d'assurance d'après leurs propres observations, ou bien celles des Compagnies de chemins de fer, ou enfin la table dressée par la Caisse na-

(1) V. Paul Guieysse, *Les retraites ouvrières*, rapport fait au nom de la commission d'assurance et de prévoyance sociales. Paris, 1904.

tionale des retraites pour la vieillesse (table C. R.). A toutes, on peut faire le reproche qu'elles ne s'appliquent pas à la population dont il s'agit, c'est-à-dire à la population ouvrière prise dans son ensemble. Or, il est à peu près évident, et il est en outre démontré, que la mortalité des tables usitées, de la table C. R. notamment, est sensiblement plus lente que la mortalité réelle de la population ouvrière. De là une cause d'erreur. Il est vrai que c'est une erreur au delà, par suite, dans les calculs, l'inconvénient qu'il y a à se servir de ces tables est assez faible.

De plus nous avons supposé, et l'on suppose générale-ment que la population considérée reste constante. Il sem-ble bien que c'est le cas actuel pour la France. Mais ce n'est là qu'un fait qui peut se modifier demain. Il peut se produire telle crise économique qui augmente la catégorie des travailleurs et par suite les charges de l'assurance. In-versement une guerre, une épidémie peuvent ravager la population et tarir une partie des ressources de la Caisse.

Enfin, dans tous les projets de retraites ouvrières, il y a, à côté de l'assurance obligatoire, une faculté réservée à cer-taines catégories de petits patrons ou de petits propriétaires de participer au bénéfice de la loi. De là, une nouvelle cause d'incertitude dans l'évaluation des charges et non des moindres.

Telles sont les principales difficultés qui s'accumulent au seuil même de cette étude, et si nous les avons réunies c'est pour montrer que les évaluations, si sincères soient-elles, laissent encore une large place à l'erreur. Est-ce une raison pour reculer devant l'œuvre entreprise ? Nous ne le croyons pas. Il faut en prendre simplement son parti et bien se persuader que cette grande réforme des retraites ouvrières ne pourra se fonder définitivement que sur l'expérience, sur les résultats que fournira le fonctionnement même de ses organes. Pour le moment il ne peut être question que d'approximations, et sans se faire illusion sur leur exactitude rigoureuse, on peut essayer cependant de pousser les travaux d'approche aussi loin que possible.

La première chose à connaître, c'est le nombre approximatif des travailleurs visés par la loi avec le principe de l'obligation. Or ce nombre dépend de l'étendue même du principe d'obligation. Nous nous placerons donc d'abord dans l'hypothèse envisagée par le projet de la commission d'assurance et de prévoyance sociales de la Chambre présenté et rapporté par M. P. Guieysse en 1904. Ce projet s'applique uniquement aux travailleurs du commerce et de l'industrie, aux ouvriers agricoles, et il ne fait qu'une petite place à l'assurance facultative des petits patrons et exploitants de la terre. Les domestiques attachés à la personne n'y sont point compris.

C'est donc le chiffre des travailleurs du commerce, de l'industrie et de l'agriculture qu'il faut connaître. Le dernier recensement professionnel dont les résultats aient été publiés est celui de 1896 (V. *Bulletin de l'Office du travail*, juin 1901) Les éléments fournis par ce recensement sont les suivants :

1º Population active au 29 mars 1896 par situation et par catégories professionnelles ;

2° Répartition des travailleurs isolés entre la catégorie des patrons et celle des salariés ;

3° Salariés par sexe et par âge ;

4° Détails relatifs aux étrangers ;

5° Domestiques.

Ces documents sont reproduits dans le rapport de M. Paul Guieysse, de 1904, p. 82 à 86.

Dans l'utilisation des résultats généraux de ce recensement une première difficulté venait de l'existence d'une catégorie de travailleurs isolés. Il a fallu faire une répartition de ces travailleurs entre la classe des patrons et celle des salariés. En ce qui concerne cette répartition, le service du recensement présente les observations suivantes (1) : « La répartition d'un grand nombre de travailleurs indépendants ou disséminés entre les catégories « patrons » et « salariés » est assez aléatoire, alors qu'ils peuvent si facilement franchir et franchissent en réalité si souvent la limite imperceptible qui sépare une situation de l'autre. On présente cependant une répartition en tenant compte de la nature habituelle du contrat de travail actuel pour chacun des métiers où se rencontrent ces travailleurs. Cette répartition se trouve d'ailleurs corroborée par l'appréciation un peu arbitraire des intéressés, lesquels se considèrent eux-mêmes les uns comme patrons, les autres comme ouvriers. »

En tenant compte de cette répartition, on aboutit aux résultats suivants :

(1) *Bulletin de l'Office du travail*, juin 1901, p. 400.

Nombre total des travailleurs des deux sexes âgés de moins de 60 ans :

Commerce et industrie	5.231.000
Agriculture	3.679.000
Total	8.910.000

soit environ 9 millions de travailleurs auxquels s'appliquerait la réforme.

Ce nombre étant admis, s'il s'agit ensuite de calculer la population retraitée, en régime permanent, c'est-à-dire le nombre de survivants à 60 ans produit par cette population affiliée de 9 millions de têtes. On tâchera ensuite de contrôler le résultat obtenu par l'expérience actuelle et on en tirera une approximation plus précise.

Or, pour calculer le nombre de survivants à 60 ans de la population donnée, il est nécessaire de connaître la répartition actuelle de ces travailleurs par âge. Mais ici nouvelle difficulté : les recensements professionnels ne font connaître que des groupes d'âges. Le recensement de 1896 classe ainsi les salariés du commerce et de l'industrie :

	Hommes	Femmes	Total
A. Moins de 18 ans . . .	399.000	231.000	630.000
B. De 18 à 54 ans	2.988.000	1.371 000	4.359.000
C. De 55 à 59 ans inclus. .	178.000	64.000	242.000
	3.565.000	1.666.000	5.231.000

La classification donne pour les ouvriers agricoles :

	Hommes	Femmes	Total
A. Moins de 18 ans	553.000	313.000	866.000
B. De 18 à 54 ans	1.827.000	809.000	2.636.000
C. De 55 à 59 ans inclus . .	117.000	60.000	177.000
	2.497.000	1.182 000	3.679.000

Voici alors l'hypothèse à laquelle s'est livré le rapporteur. Le nombre des travailleurs étant connu de 14 à 18 ans, de 18 à 54 ans, de 55 à 59 ans, il a supposé que dans chacun des groupes A, B, C, la répartition par âge suivait la loi de survie de la Caisse nationale des retraites. Il a ainsi obtenu une répartition dont les résultats sont donnés séparément pour le commerce et l'industrie d'une part, l'agriculture d'autre part, par deux tableaux annexés à son rapport de 1904 (p. 90 et 103).

Enfin, en appliquant à chacun des groupes partiels ainsi obtenus, la loi de survie de la Caisse nationale des retraites pour la vieillesse, il a déterminé le nombre des survivants atteignant et dépassant l'âge de 60 ans, en régime permanent. Il trouve ainsi, d'après les bases du recensement de 1896, une population survivante donnée par les chiffres suivants :

Commerce et industrie.	1.382.000
Agriculture	836.000
Soit un total de	2.218.000

anciens travailleurs auxquels s'appliquerait le bénéfice de la loi des retraites en période normale.

Le caractère approximatif de ces chiffres ne pouvait manquer d'apparaître à un mathématicien comme M. Guieysse. Aussi s'est-il efforcé lui-même de les justifier : « A priori, dit-il. au point de vue théorique, ces résultats ne sont pas rigoureusement exacts ; mais quelle que soit la répartition du nombre des travailleurs entre les divers âges, les résultats de la survivance à 60 ans et aux âges supérieurs ne changeront guère par l'application des taux de survie, de telle sorte que l'erreur commise sur le total général est très faible et que les résultats de ce mode de calcul doivent être considérés comme très sensiblement les mêmes que ceux que l'on aurait obtenus si l'on était parti d'une répartition par âge conforme à la réalité. »

« Mais les chiffres auxquels on arrive (2.218.000 bénéficiaires) paraissent fort élevés, continue le rapporteur. La table C. R. étant une table à mortalité lente, dressée à l'aide d'observations recueillies sur la clientèle même de la Caisse nationale des retraites, c'est-à-dire sur une population choisie, soumise à une sélection, on peut se demander si elle convient à l'évaluation précitée qui s'applique à une assurance obligatoire, englobant la presque totalité des travailleurs français et par conséquent à une population soustraite à la sélection. »

M. Guieysse se le demande en effet, et pour s'éclairer, il compare les résultats que donne la table C. R. avec ceux fournis par diverses autres tables, tant françaises qu'étrangères. Le tableau suivant donne le résultat de cette comparaison :

Population survivante à partir de 60 ans.

	Industrie et commerce	Agriculture	Ensemble
Table C. R.	1.382.000	836.000	2.218.000
Table française (1861-1865). .	1.276.000	772.000	2.048.000
— (1877-1881). .	1.296.000	784.000	2.080.000
Table italienne (1876-1887). .	1.249.000	695.000	1.844.000
— allemande (1871-1881). .	1.057.000	640.000	1 697.000
— suisse (1881-1888). .	1.098.000	665.000	1.763.000

« On voit que la table C. R. indique une survie supérieure à celle des autres tables. Toutefois il est à remarquer
que les différences accusées par les deux tables françaises
sont faibles. Comme d'une part, la survie que l'on mesure
ainsi s'applique à une époque encore éloignée de 70 à 80 ans,
et comme d'autre part, les observations démographiques
démontrent que la longévité de la populatien française
a été en augmentant depuis un siècle, on est en droit de
conclure de la comparaison ci-dessus que la table C. R.
convient, avec une approximation suffisante, aux calculs
des charges financières probables qu'occasionneront les
retraites ouvrières, et qu'il serait peut-être imprudent
d'évaluer ces charges au moyen de tables à mortalité plus
rapide. »

Cette justification est extraite d'une note de la Direction
de l'assurance au Ministère du Commerce, insérée par
M. Guieysse dans son rapport (p. 114). On a reproché aux
actuaires du Ministère du Commerce d'avoir exagéré les
conséquences financières de la loi et d'avoir forcé leurs chiffres. Nous croyons en effet que cette justification appelle
quelques observations.

Il reste certain en effet que la table C. R. ne peut être directement appliquée à la population ouvrière. Cette table s'applique à une élite d'ouvriers, de petits patrons, de petits
bourgeois, dont la mortalité est assez faible. *A priori*, il est
évident que la mortalité de la classe ouvrière dans son
ensemble doit être autre, c'est-à-dire plus rapide. Ainsi, si
l'on prend la population salariée des grandes Compagnies de

chemins de fer, on a un groupe assez vaste, qui comprend des ouvriers assujettis à des tâches dangereuses, des agents d'exploitation pour lesquels le risque est beaucoup moindre, et enfin des employés de bureau qui ne courent à raison de leurs occupations aucun danger particulier. Cette population représente donc assez bien le type moyen de la population ouvrière. Or la table de mortalité des agents des chemins de fer français dressée par M. Béziat d'Audibert (1) présente une mortalité supérieure à celle de la table C. R.

D'autre part, il est contestable que l'avenir réservé à la population française, soit tel qu'il faille prévoir des augmentations possibles de la population bénéficiaire. S'il est vrai que la longévité de la population française se soit accrue, il n'en est pas moins vrai que cette population dans son ensemble n'augmente presque pas. Si donc des pays comme l'Allemagne, où l'afflux annuel de population est considérable, se contentent d'une table de survie sensiblement inférieure à la table C. R., il n'est guère admissible que, dans notre état stationnaire de population, nous ne puissions pas adopter une table dont la mortalité soit plus élevée que celle de la table C. R.

Reste cet argument, et il a son importance, que la table C. R. est à peu près la seule dont nous puissions nous servir en France. C'est la table officielle des retraités. Soit,

---

(1) V. Paul Soulier, *Les Institutions de retraites des Compagnies de chemins de fer.*

mais alors il est nécessaire de lui faire subir certaines approximations.

Ce qui prouve à nos yeux cette nécessité, c'est la disproportion considérable qui existe entre les chiffres fournis par les calculs basés sur la table C. R. et les résultats de l'expérience, c'est-à-dire du recensement de 1896. Cette disproportion ressort du rapport même de M. Guieysse.

En effet, si, en regard du nombre de 2.218.000 anciens travailleurs auquel nous sommes arrivés, nous plaçons les nombres fournis par le recensement de 1896 pour la population de 60 ans et au-delà, nous trouvons des résultats singulièrement faibles par rapport à ce nombre.

Nombre d'anciens travailleurs de 60 à 65 ans et plus d'après le recensement de 1896 :

Commerce	Agriculture	Total
192.000	288.000	480.000 de 65 ans et plus.
221.000	311.137	532.137 de 64 — —
251.889	335.026	586.915 de 63 — —
283.726	359.655	643.381 de 62 — —
317.474	384.988	703.462 de 61 — —
351.000	411.000	762.000 de 60 ans et plus.

Aussi, au début de la loi, d'après le recensement, 480.000 anciens travailleurs de 65 ans et plus bénéficieraient de la retraite, et 762.000 quand la loi s'appliquerait à l'âge de 60 ans, tandis que le calcul donne pour cet âge un nombre triple de têtes. « Si les données du recensement et celles de la table de mortalité étaient concordantes, observe M. Guieysse, les résultats devraient être les mêmes. »

Or, les résultats ne sont pas concordants. Il est vrai que

les chiffres de 480.000 travailleurs de 65 ans ou 762.000 de 60 ans, peuvent paraître au-dessous de la réalité. Il se peut en effet que beaucoup de déclarations inexactes aient été faites par d'anciens salariés ayant changé de situation, étant devenus petits patrons ou s'étant retirés des affaires, et qui ont été portés dans la partie inactive de la population. Mais, d'autre part, un certain nombre de travailleurs ne rempliront pas dans la période transitoire les conditions requises par la loi pour en bénéficier.

Il est donc vraisemblable que les nombres donnés par le recensement doivent être augmentés dans une assez forte mesure, de même que le nombre de 2.218.000 retraités doit être considéré comme un maximum qui ne sera certainement jamais atteint, puisque la table employée · donne des résultats réellement majorés.

« Les conclusions à tirer de ces observations, dit lui-même M. Guieysse, c'est que le nombre de 2.218.000 travailleurs de 60 ans et plus donne des résultats financiers devant être considérés comme des maxima absolus ; d'autre part, que le nombre de 762.000 pensionnés de 60 ans et plus doit être *peut-être* doublé pour le calcul approximatif des charges. »

Nous nous bornerons à souligner ce *peut-être* qui se rencontre dans la même phrase avec le mot approximatif. Ceci, de l'aveu même du rapporteur, montre bien l'incertitude des calculs qui servent à l'évaluation des charges.

Mais il ne suffit pas de connaître le nombre des retraités pour cause de vieillesse, il faut en outre essayer de déterminer le nombre des participants qui viendront à réclamer la liquidation anticipée de leur pension pour cause d'invalidité. L'invalidité dont on tient compte dans les calculs est l'invalidité partielle, l'invalidité absolue étant assez rare pour pouvoir être négligée.

Mais sur ce point, les statistiques en France font complètement défaut. Il a fallu, de toute nécessité, s'en rapporter à la statistique allemande de l'assurance-invalidité. Or, en Allemagne, le nombre annuel moyen des entrées en invalidité, de 1892 à 1899, est de 4.800 pour 1 million d'assurés de tout âge. En France, d'après le recensement de 1896, le nombre global des salariés de tout âge du commerce et de l'industrie seulement, ressort à 5.602.000 têtes. Il s'ensuit que le nombre moyen des entrées en invalidité serait en France de $4.800 \times 5,6 = 26.880$ par an. Mais il n'y aurait plus, dans le projet français, d'entrée en invalidité à partir de l'âge de 60 ans. Or, d'après l'expérience allemande, 53 0/0 des cas d'invalidité se produisent au-dessous de 60 ans. Il ne faut donc prendre que les 53 centièmes du chiffre précédent, soit 14.000 invalides environ pour le commerce et l'industrie seulement.

La majoration des rentes étant payée en arrérages, il importe de calculer combien 14.000 entrées annuelles en invalidité produiront d'invalides en régime permanent. A cet égard, la loi de survie de la table C. R. ne saurait convenir. L'application de la table d'expérience allemande donne les résultats mentionnés par M. Guieysse dans son rapport de 1904 (V. tableau *infrà*).

Le même calcul appliqué aux salariés de l'agriculture conduit aux résultats contenus au tableau de la page 106 du même rapport. On arrive ainsi à des chiffres de 156.000 invalides pour le commerce et l'industrie, de 117.000 pour l'agriculture, soit au total 273.000 rentes d'invalidité à servir, à l'époque du plein fonctionnement.

Enfin, tous les projets de retraites prévoient des dispositions transitoires en vue de rendre possible l'application immédiate de la loi D'après le projet de 1904, les allocations transitoires devaient être payées à tous les travailleurs actuellement âgés de 65 ans et plus, sous certaines conditions. Ici aussi, il faudra donc connaître l'état actuel de la population et le nombre de personnes remplissant les conditions nécessaires. Ces conditions sont d'ailleurs trop variables selon les projets, pour qu'il soit possible de déterminer ce nombre une fois pour toutes. Disons seulement, que suivant qu'on adopte la limite de 65 ans ou de 60 ans pour les allocations de la période transitoire, le chiffre des bénéficiaires immédiats varie, d'après le recensement de 1896, de 500.000 à 800.000 environ.

Nombre d'auteurs prétendent d'ailleurs que ces chiffres sont trop peu élevés et prévoient des chiffres de 1 million à 1 million et demi d'anciens travailleurs réclamant le bénéfice de la loi.

Tous les calculs précédents ont dû d'ailleurs être refaits et complétés à la suite du projet voté par la Chambre dans la séance du 23 février 1906. Le texte adopté étend en effet considérablement le domaine de l'assurance et augmente

à peu près toutes les allocations servies par l'Etat. Une
note actuarielle du Ministère du Commerce (7ᵉ annexe au
rapport de M. Guieysse) (1) fait connaître quels seraient,
d'après ce texte, les chiffres nouveaux de la population
assurée et retraitée dont il faudrait tenir compte, et quelles
en seraient les conséquences financières au regard de l'Etat.

Cette note, qui continue à être basée sur les chiffres fournis par le recensement de 1896, conduit aux résultats
suivants :

Nombre de salariés âgés de moins de 60 ans :

Commerce et industrie	5.231.000
Domestiques	854.000
Agriculture	3.679.000
Total.	9.764.000

Le recensement indique pour les anciens travailleurs et
domestiques de 60 ans et plus :

Commerce et industrie	351.000
Domestiques	65.000
Agriculture	411.000
Total	827.000

Mais en ce qui concerne les deux premières classes, commerce et domestiques, le nombre du recensement a été
doublé.

Au lieu de 351.000 + 65.000 = 416.000 salariés des
deux premières classes, on a pris le nombre de 832.000.

D'autre part, les nombres donnés par le calcul de survie
pour la population retraitée sont les suivants :

(1) Doc. parl. Chambre, 1906, annexe nº 2083.

Commerce et industrie.	1.382.000
Domestiques.	251.000
Agriculture	836.000
Total.	2.469.000

D'où une différence de 827.000 à 2.469.000 entre les chiffres fournis par le recensement et ceux fournis par le calcul. Même si l'on double le chiffre des deux premières classes donné par le recensement et qu'on le porte à 832.000, il subsiste une différence qui va du simple au double entre les deux approximations. La note explique que cet écart peut représenter le nombre de travailleurs, surtout d'anciens domestiques, qui ne remplissent pas, pour divers motifs, à 60 ans, les conditions de travail requises par la loi. Mais cette explication ne suffit pas à justifier une pareille différence.

Il faut encore à ces chiffres ajouter le nombre des travailleurs atteints d'invalidité partielle prématurée, soit :

Pour le commerce et l'industrie .	156.000
— les domestiques.	25.000
— l'agriculture. . . . _ . .	117.000
Total	298.000

On aboutit ainsi à une population bénéficiaire totale de 2.469.000 retraités de 60 ans + 298.000 invalides prématurés, soit un total de 2.767.000 bénéficiaires de tous genres.

Mais ce nombre est considéré par la note elle même, comme un maximum qui ne sera jamais atteint. En conséquence il a été abaissé pour le calcul des charges à 1.700.000

bénéficiaires du commerce, de l'industrie et des domestiques,et à 900.000 de l'agriculture ; soit un total de 2.600.000
participants. C'est sur ces chiffres que la note base les évaluations financières que l'on trouvera plus loin (1).

Dans tout ceci, nous l'avons remarqué, ce sont toujours
les résultats du recensement professionnel de 1896 qui ont
été utilisés. Depuis cette époque il n'a plus été publié de
recensement professionnel,mais les statistiques générales de
la population publiées à la suite du dénombrement de 1901
contiennent des renseignements assez détaillés pour permettre de faire quelques nouvelles approximations.

Voici d'après le tableau publié au tome IV de la Statistique générale de la France d'après le recensement de 1901,
page 507, l'état de la population active suivant la situation
dans les entreprises par grandes catégories professionnelles.

Catégories professionnelles	Patrons et chefs d'établissem.	Employés et ouvriers	Travailleurs isolés	Situation non déclarée
Agriculture (pêche, forêts)	3.469.274	2.966.511	1.804.271	4.485
Industrie	813.154	4.506.916	1 649 052	34.080
Commerce	538.810	798 260	534.386	1.002
Services domestiques	»	956.195	»	»
Professions libérales et services publics	44.514	1.427.976	144.701	3.864
Totaux	4.865.752	10.655.858	4.132.410	43.431

Le nombre total des travailleurs isolés se répartit d'ailleurs ainsi entre la catégorie des patrons et celle des salariés (2) :

(1) V.IVᵉ partie, chapitre ɪ.
(2) V. Statistique de la France (1901), t IV, p 178 (*Publications de l'office du travail*).

	Sexe masculin	Sexe féminin	Sexes réunis
Petits patrons	1.412.259	748.012	2.160.271
Salariés à emploi régulier. .	905.446	477.066	1.382.512
Ouvriers à domicile	213.344	418.994	632.338

En résumé, cela fait : Patrons. . 2.160.271

Salariés 2.014.850

Ainsi, si l'on néglige les personnes de situation non déclarée, on a :

Employés et ouvriers. . . 10.655.858

Travailleurs isolés 2.014.850

Au total . . . . . . 12.670.708 travailleurs.

Mais les chiffres fournis par la statistique générale de
1901 ne permettent pas de faire directement la distinction
des travailleurs âgés de moins ou de plus de 60 ans parmi
cette population globale. Appliquant seulement une remarque de M. Guieysse qui constate que le nombre des survivants de 60 ans est environ de 6,50 0/0 du nombre total de
la population considérée, on trouve que la population retraitée fournie par le total ci-dessus serait de :

$$\frac{12.670.708 \times 6.50}{100} = 823.596 \text{ têtes environ.}$$

Or, d'une part on peut trouver le nombre de 12 millions
et demi de travailleurs un peu élevé, car ce nombre comprend des salariés et des employés qui jouissent déjà d'une
retraite suffisante, et dont la réforme ne changerait pas la
situation, notamment les employés des services publics. En
outre ce chiffre contient les ouvriers étrangers. Aussi peut-
on réduire à une dizaine de millions la population active de

moins de 60 ans qui formerait la population assurée de la
caisse. Par contre, le chiffre de 823 596 retraités peut paraître un peu faible, même si l'on y ajoute 298.000 invalides. On peut alors doubler le chiffre déduit du recensement.
On arrive à un total de :

$$(823.596 \times 2) + 298.000 = 2.243.188 \text{ bénéficiaires.}$$

Or, c'est là une approximation qui se rapproche sensiblement des chiffres déjà établis. Elle tient même le milieu entre les évaluations de M. Guieysse et celles de la note du Ministère du Commerce de 1906. De cette concordance générale des évaluations on peut conclure, que le dernier texte
adopté par la Chambre s'appliquerait à une population assurée de 10 millions de travailleurs environ et impliquerait
une population retraitée de 2 millions à 2 millions et demi
d'anciens travailleurs. Encore cette dernière évaluation cons-
titue-t-elle un maximum qui correspond au double des
nombres fournis par les recensements.

Connaissant la nature et le montant des allocations à servir par la caisse et ayant déterminé, d'après les documents
démographiques, les chiffres de la population bénéficiaire
de ces allocations, il suffirait maintenant de multiplier chaque espèce de subventions accordées par le nombre de participants correspondants pour avoir les produits partiels
dont l'ensemble doit former le montant total des charges de
la caisse.

Ainsi, pour nous en tenir aux rentes de vieillesse, si nous
prenons le chiffre de 2.218.000 anciens travailleurs aux-

quels s'applique le projet de 1904, et que nous fixions à
360 francs l'annuité moyenne des pensions de vieillesse,
nous trouverons, de ce chef, une dépense annuelle de :

$$2.218.000 \times 360 = 798.480.000 \text{ francs.}$$

Si nous prenons le chiffre de 2.522.000 retraités de 60
ans qui résulte, en régime normal, des évaluations de 1906,
nous aboutissons à une dépense annuelle de :

$$2.552.000 \times 360 = 907.920.000 \text{ francs.}$$

A ces sommes, il faudrait ajouter les dépenses provenant
du service des rentes d'invalidité, des secours en cas de décès et des dispositions transitoires. On aurait ainsi le total
des charges de la caisse. Mais dans la plupart des projets,
les dépenses énumérées en dernier lieu incombent principalement à l'Etat. Nous les retrouverons donc lorsque nous
étudierons les conséquences budgétaires de la réforme.

D'ailleurs, les sacrifices annuels à faire, soit par la caisse
elle-même, soit par l'Etat, dépendent non seulement du
chiffre total des dépenses annuelles. mais surtout du système financier adopté pour faire face à ces dépenses. C'est
pour cela qu'il est vain de chercher à déterminer les conséquences financières d'un projet de retraites ouvrières avant
de connaitre les ressources et le mécanisme financier sur
lesquels il s'appuie.

Retenons seulement que les données primitives du problème des retraites ne sont actuellement que de grossières
approximations. Le premier soin de la nouvelle institution
devra être de construire elle-même des tables d'expérience.

d'après les premiers résultats de ses opérations. Les tâton-
nements du début sont en effet inévitables, mais ce qui est
plus important que toutes les approximations, c'est de créer
une œuvre viable, capable de se connaître et de se perfectionner elle-même, par le propre jeu de ses organes.

CHAPITRE III

Quel que soit le projet adopté, l'institution d'une caisse de retraites ouvrières comporte, nous venons de le voir, des charges considérables. Ces charges il ne suffit pas de les avoir analysées et d'avoir essayé de les déterminer, il faut encore prévoir au moyen de quelles ressources on y fera face. Voter le principe de la réforme avec les dépenses qu'elle entraîne n'est rien, l'équilibrer financièrement est plus difficile. Il s'agit justement de rechercher à quelles sources il convient de puiser pour établir l'état des recettes de cette grande institution.

La première idée qui vienne à l'esprit est de recourir au procédé ordinaire en matière d'assurance privée, c'est-à-dire de s'adresser aux intéressés eux-mêmes. Cette idée, qui paraît au premier abord si simple et si juste, est pourtant très discutée. Les intéressés, en l'espèce les ouvriers, contestent qu'ils aient rien à verser pour cette œuvre de solidarité sociale ; ils allèguent la faiblesse de certains salaires qu'ils considèrent comme irréductibles, et contestent en outre l'efficacité d'un système de retraites qui leur semble venir trop tard, à un âge où l'usure a déjà décimé la grande armée des travailleurs. Ils réclament en conséquence, au nom de la solidarité sociale, le droit à l'assistance pour leurs vieux jours.

Là est bien en effet le nœud de la controverse, car le point de vue change selon que l'on considère la réforme à accomplir comme une œuvre d'assistance ou comme une institution de prévoyance. Si c'est une œuvre de pure assistance, il est évident que les bénéficiaires n'ont rien à verser. Mais, comme le dit M. Guieysse, doit-on assimiler les vieux travailleurs à des indigents auxquels l'Etat accorde une aumône, ou bien la dignité même de ces anciens travailleurs n'exige-t-elle pas qu'ils participent eux-mêmes à la formation de leurs retraites ? Au point de vue social d'ailleurs, le principe de prévoyance est autrement fécond que le principe d'assistance. Enfin au point de vue strictement financier, la participation des ouvriers doit être considérée comme nécessaire, si l'on veut obtenir des résultats appréciables.

Il est bien certain toutefois, que les ouvriers ne pourraient jamais à eux tout seuls, même en exigeant d'eux des versements obligatoires, se constituer des retraites suffisantes. Aussi, le concours des patrons d'une part, l'intervention de l'Etat d'autre part, sont-ils indispensables à l'équilibre financier de la réforme.

Pour ce qui est de l'obligation des patrons de participer à la formation des retraites de leurs ouvriers, les justifications ne font pas défaut. L'entrepreneur, dit M. Guieysse, peut-il abandonner dans sa vieillesse celui qui pendant son âge mûr a été, par son travail, l'instrument de sa fortune ? Ne doit-il pas au travailleur une participation aux bénéfices de l'entreprise ? Le salaire est il suffisant pour que l'employeur qui le paye puisse se considérer définitivement quitte envers son employé ? Enfin, le chef d'entreprise, qui prévoit les frais d'amortissement de son mécanisme et de ses outils, ne doit-il pas aussi prévoir l'usure de son mécanisme humain ? La plus forte de ces considérations est à nos yeux celle qui est tirée de l'insuffisance des salaires et elle suffirait à elle seule à justifier la contribution financière des patrons.

Quant à l'intervention de l'Etat, elle est encore nécessaire au point de vue financier pour compléter les sacrifices consentis par les intéressés. L'Etat apporte à la nouvelle institution les ressources générales de son budget, sa garantie et son crédit. Il représente d'ailleurs la collectivité, et il n'est pas admissible que celle ci puisse se désintéresser d'une œuvre sociale aussi importante. Le but de l'assurance étant l'amélioration du sort des classes ouvrières, il y a là une œuvre à créer qui est une garantie pour la paix sociale. A titre d'instrument de la paix sociale, l'établissement d'assurance a droit au concours de l'Etat.

Il y a là également un intérêt de justice, car les dépenses que l'Etat aura à sa charge du chef des retraites ouvrières, étant prélevées sur le pays tout entier, sous forme d'impôts, c'est la nation tout entière qui contribuera ainsi à la formation des retraites ouvrières. Par suite la solidarité sociale y gagnera Enfin il est permis d'espérer que la participation de l'Etat aux dépenses de l'assurance, aura pour résultat de diminuer les charges de l'Assistance publique.

En un mot, cette triple collaboration de l'Etat, des patrons et des ouvriers, donne à la réforme son caractère et sa haute valeur morale et sociale ; elle lui donne aussi sa pleine efficacité financière.

En fait pourtant, cette conception n'a pas toujours prévalu. Partout on trouve l'intervention de l'Etat, mais il est curieux de voir un pays comme l'Angleterre repousser dans le projet présenté à la Chambre des Communes le 26 juin 1899 (1), le principe de la contribution particulière des ouvriers. En Angleterre, l'Etat se dispose à payer des allocations hebdomadaires aux anciens travailleurs, au moyen exclusif des ressources générales budgétaires C'est la conception d'une institution d'assistance nationale qui domine. Sans doute, on fait remarquer que les charges étant récupérées sous forme d'impôts, retomberont en partie sur les bénéficiaires eux-mêmes. Le caractère local des taxes affectées spécialement aux dépenses de la caisse accentue cette remarque. Mais l'incidence des impôts, même locaux, reste trop incertaine pour prétendre que les ouvriers participeront d'une manière effective à la formation de leurs retraites.

Un certain nombre de projets français, basés sur cette idée que le salaire est irréductible, ont adopté le même principe. Citons les propositions de M. Mirman, les diverses propositions de MM. Vaillant, Allard, etc., les propositions de M. François Fournier, de M. Coutant, de MM. Emile

---

(1) V. G. Salaun, *Les solutions du problème des retraites à l'étranger*, *Rev. polit. et parlem.*, avril 1901.

Rey et Lachièze. Dans tous ces projets, les ressources sont fournies par le budget général, et en outre, par un versement obligatoire de 50 centimes par mois par tout Français, dans la proposition Coutant, par le paiement par tout Français d'une journée de travail dans le projet Fournier. C'est, on le voit, l'établissement d'un impôt de solidarité, qui est destiné dans ces projets à couvrir les frais de la réforme.

Tout autre est le système allemand qui réunit le concours financier des ouvriers, des patrons et de l'Etat Ce système a aujourd'hui fait ses preuves. Après avoir éveillé en Allemagne, comme actuellement en France, les défiances du monde ouvrier, les travailleurs n'ont pas tardé à en apercevoir les avantages. Le fait qu'ils contribuent à la formation de leurs retraites, donne en effet aux intéressés un droit d'intervention et de contrôle précieux dans le fonctionnement de l'assurance, droit dont ils ont su en Allemagne se servir de la façon la plus judicieuse. Or, il n'est pas douteux que ce droit pour les ouvriers, est corrélatif du paiement d'une cotisation, et que c'est un des avantages principaux du système que nous défendons.

C'est d'ailleurs ce système qui a toujours été adopté en France dans les projets présentés par le gouvernement ou par la Commission d'assurance et de prévoyance sociales. M. Guieysse, dans ses deux grands rapports de 1900 et de 1904, le justifie d'une manière très forte. La Chambre l'a elle-même consacré à deux reprises. On discute seulement sur la forme à donner aux versements ouvriers et par suite aussi aux versements patronaux. La retenue sur les salaires

peut être en effet soit fixe, soit proportionnelle. Le principe
du versement proportionnel paraît avoir triomphé. En 1906
pourtant, sensible à ce fait que les petits salaires sont à
peu près incompressibles, la Chambre a voté une exemption
de versement pour tous les travailleurs dont le salaire journalier est inférieur à 1 fr. 50. Bien qu'au point de vue
financier, cette exemption soit peut-être regrettable, elle ne
suffit pas cependant à enlever au texte adopté son caractère
d'œuvre de solidarité sociale et de coopération ouvrière,
patronale et gouvernementale.

C'est d'ailleurs une nécessité financière que cette triple
intervention, dès que l'on veut pouvoir servir aux anciens
travailleurs des subsides appréciables. Avec une loi d'assistance on n'arrive à fournir aux intéressés qu'un morceau
de pain, avec un système de prévoyance, fondé sur les cotisations égales des patrons et des ouvriers, et sur la contribution de l'Etat, on peut espérer atteindre des taux de
pension que ne connaît encore aucun des pays où fonctionnent des systèmes obligatoires ou mixtes de retraites
ouvrières.

Mais ce n'est jusqu'ici qu'une désignation générale et en
quelque sorte abstraite des ressources de l'assurance, que
nous avons faite. Il ne suffit pas de savoir que l'Etat, les
patrons et les ouvriers doivent contribuer à l'œuvre des
retraites, il faut encore déterminer exactement dans quelle
mesure chacun d'eux y contribuera. Il faut déterminer à
l'avance les cotisations des intéressés et la subvention de
l'Etat. Or cette détermination dépend essentiellement du

système de péréquation des recettes et des dépenses que l'on adoptera. Ainsi se pose, sur le terrain purement financier, la question de savoir quel est le mécanisme qu'il convient d'adopter pour réaliser, dans les meilleures conditions possibles, la péréquation cherchée. C'est l'examen de cette question capitale que nous allons maintenant aborder.

DEUXIÈME PARTIE

CHOIX D'UN SYSTÈME FINANCIER

CHAPITRE PREMIER

GÉNÉRALITÉS.

La question à résoudre se présente ainsi : Il s'agit d'assurer aux anciens travailleurs une pension de retraite pour leurs vieux jours et diverses autres allocations accessoires, en exigeant d'eux une certaine contribution, complétée par une contribution égale des patrons et par une subvention de l'Etat.

Or, il est à souhaiter que les allocations servies soient suffisantes pour assurer aux retraités un minimum d'existence. D'autre part, l'intérêt de ceux qui font les frais de l'assurance, intérêt des patrons et des travailleurs eux-mêmes, c'est de payer le moins cher possible les services rendus par la caisse des retraites. Enfin il faut que les engagements contractés par la caisse soient rigoureusement tenus, sinon la confiance disparaît. Si l'on veut que les sacrifices demandés aux ouvriers sur leurs salaires soient librement consentis, il faut que les travailleurs aient la conviction raisonnée qu'ils recevront un jour le prix des sacrifices actuels. C'est dire qu'il faut entourer l'institution des retraites de toutes les garanties possibles.

Dans ces conditions, le meilleur système financier serait celui qui permettrait de servir les allocations les plus élevées, avec le moins de sacrifices possibles pour les parties appelées à contribution, tout en étant entouré des garanties les plus sûres pour les droits acquis ou en cours d'acquisition. Il ne doit pas suffire en effet qu'un système soit très avantageux pour les ouvriers, s'il est constant d'autre part que ce système obère lourdement les particuliers, gêne l'essor de l'industrie ou compromet la prospérité de nos finances. Il ne suffirait pas non plus d'un système qui ne coûterait presque rien au pays, s'il était avéré que les résultats en seront maigres et n'apporteront pas aux populations laborieuses le soulagement qu'elles en attendent. Enfin il ne faudrait pas sacrifier l'avenir au présent et négliger les garanties nécessaires.

Y a-t-il un ou plusieurs systèmes qui satisfassent à cet ensemble de conditions? Peut-être n'y en a-t-il aucun qui puisse y satisfaire pleinement, car ces conditions sont jusqu'à un certain point contradictoires.

Selon que l'on s'attachera principalement au moindre coût, au plus grand rendement, ou à la plus certaine garantie, on penchera vers tel système plutôt que vers tel autre.

Il n'en importe pas moins d'étudier les principales combinaisons possibles, de les comparer, de les opposer, d'en tirer les conséquences respectives, après quoi, on essaiera de conclure.

Mais dès le début de cette étude, il faut bien remarquer que la question du système financier à adopter pour assurer le fonctionnement de la nouvelle institution, ne se pose pas de la même manière en ce qui concerne la contribution de l'Etat et celle des parties intéressées.

Sans doute, la combinaison adoptée pour la détermination des cotisations particulières rejaillit sur l'Etat, puisque celui-ci se porte garant des droits acquis et complète l'effort particulier, mais il n'en est pas moins vrai qu'il y a un intérêt de méthode et de clarté à distinguer la question de la détermination des cotisations particulières et celle de l'intervention financière de l'Etat.

CHAPITRE II

Lorsqu'on cherche à établir la péréqua‑ion des ressources et des charges d'une caisse de retraites, deux grands
systèmes se présentent à l'esprit. Soit en effet un affilié de
25 ans entrant dans l'assurance, auquel il s'agit d'assurer
une rente de 360 francs à l'âge de 60 ans. Le service de la
rente peut être gagé sur le simple engagement contracté
par la caisse d'en payer les arrérages. Dans ce cas, on atten-
dra l'âge de la retraite, et à ce moment on se bornera à
payer chaque année, tant que vivra le retraité, les arrérages de la rente.

Pour un cas isolé, on bénéficiera ainsi des chances de
décès prématuré qui peuvent se produire. Mais dès qu'il
s'agit d'une caisse comprenant un grand nombre d'adhérents, il s'établit dans la population assurée une loi de mortalité, en sorte que l'on peut calculer à l'avance le nombre
moyen d'années à vivre par un retraité de 60 ans. Et si l'on
trouve que ce nombre est de 15 ou 16 années, ce sont autant
de fois 360 francs qu'il faut s'apprêter à payer pour chaque
assuré atteignant l'âge de la retraite.

Si donc l'on suppose une caisse comptant, à un moment

donné, 4.006.402 cotisants et 9.306 retraités de 60 ans, ce seront 9.306 pensions de 360 francs que les cotisants s'engageront à payer pour l'année, soit 360 × 9.306, et la cotisation de chacun d'eux sera égale à la fraction $\frac{360 \times 9.306}{4.006.402}$. C'est le *système* dit de *répartition*, parce que les dépenses annuelles de la caisse, n'étant gagées par rien, sont réparties purement et simplement par voie d'égalité proportionnelle entre tous les cotisants.

On peut au contraire vouloir que le paiement des arrérages repose sur la constitution préalable d'un capital et sur le jeu des intérêts composés. Soit toujours notre affilié de 25 ans auquel on veut assurer une pension de 360 francs à 60 ans. On peut attendre l'âge de la retraite, et à ce moment placer un capital suffisant pour que ce capital, augmenté de ses intérêts, assure le paiement des arrérages pendant une période de temps qui représente la vie moyenne probable d'un retraité de 60 ans.

On peut encore, dès l'âge de l'affiliation, verser chaque année une annuité telle que le capital constitué à l'âge de la retraite par ces annuités successives, soit justement le capital nécessaire pour gager la rente. Ainsi, le tarif C. R. 3 0/0 nous indique que pour acquérir une retraite de 360 francs à 60 ans, il faut verser annuellement 47 fr. 35 pendant 35 ans, ou bien placer à l'âge de 60 ans un capital constitutif de 4.031 fr. 35.

Dans les deux cas, il y a constitution préalable d'un capital. D'où le nom de *systèmes de capitalisation* donné à ces systèmes. Ici la cotisation de chaque adhérent représente non plus une quote-part des arrérages payés chaque année, mais une fraction de l'annuité nécessaire à la constitution du capital représentatif des pensions à servir.

Chacun de ces deux grands systèmes comprend d'ailleurs des variantes, mais il importe d'en fixer le type d'une manière précise, de voir quel est leur mécanisme, de rechercher à quelles conséquences ils aboutissent. Alors seulement on pourra les comparer, les opposer d'une manière utile et tirer de cette étude les conclusions qu'elle comporte.

§ 1. — Les systèmes de répartition.

Le système de la répartition est le plus simple, celui qui vient le plus naturellement à l'esprit. Il consiste essentiellement à ne prélever des contributions qu'à la fin d'une période déterminée, l'année par exemple, et en raison directe des arrérages payés au cours de cette période. On pratique donc la répartition, si, considérant isolément les charges de chaque exercice, on répartit ces charges entre les cotisants actuels. Et ainsi, dans ce système, l'ensemble des assurés verse chaque année un total de cotisations égal au total des arrérages reçus la même année par l'ensemble des pensionnés.

La répartition qui intervient ainsi s'applique aux arrérages de l'année. A vrai dire, on conçoit aussi un système dans lequel la répartition, au lieu de s'appliquer aux arrérages, s'appliquerait aux capitaux constitutifs de ces rentes, mais il ne s'agirait plus là d'un système de répartition, ce serait un véritable système de capitalisation.

Ce qui caractérise donc les systèmes dits de répartition, c'est que non seulement il intervient entre les cotisants une répartition proportionnelle des charges annuelles de l'assurance, mais encore et surtout que l'acquittement de ces charges ne repose sur la constitution d'aucun capital, et n'a d'autre gage que la solidarité même qui existe entre les cotisants, le nombre de ces cotisants, et leur solvabilité.

Par suite, si nous cherchons à nous rendre compte de ce qui se passe dans une caisse de retraites fonctionnant en répartition, voici ce que nous constaterons.

Reprenons notre exemple numérique d'une caisse recevant chaque année 100.000 adhérents de 25 ans (V. tableau, p. 19) et servant des pensions à ses membres lorsqu'ils atteignent l'âge de 60 ans. Pendant les 35 premières années la caisse n'a rien à payer. Elle peut donc se passer de prélever des cotisations. La 36ᵉ année, un premier groupe d'affiliés est mis à la retraite ; ce groupe se compose des 66.457 survivants du premier groupe d'affiliés. C'est donc 66.457 pensions que la caisse aura à servir la première année des mises à la retraite. La 2ᵉ année des mises à la retraite, et la 37ᵉ de son fonctionnement un nouveau groupe de 66.457 survivants atteindra l'âge de la retraite et s'ajoutera aux retraités du premier groupe non encore décédés, c'est-à-dire aux 64.725 survivants du premier groupe. On aura donc 64.725 + 66.457 = 131.182 pensions à servir la deuxième année. La dépense de la deuxième année sera donc supérieure à celle de la première.Chaque année, au paiement des rentes reconnues dans l'année, s'ajoute le paiement des rentes accordées antérieurement et qui ne sont pas encore éteintes. Dans le système de la répartition, les charges augmentent donc d'année en année, *et par suite aussi les cotisations*, et cela jusqu'au moment où le nombre des rentiers qui meurent dans une année est égal au nombre des nouveaux retraités qui obtiennent la rente dans cette même année. C'est l'état d'équilibre ou de roulement normal, qui se produit vers la 75ᵉ année du fonctionnement de la caisse ou la 40ᵉ après l'époque des premières mises à la retraite. A ce moment, les charges et les cotisations ont atteint leur niveau maximum et constant.

De même en va-t-il pour une caisse d'Etat s'appliquant à une population déjà formée, comprenant des personnes de tout âge. La seule différence, c'est qu'il n'y a pas, au début du fonctionnement, de période de carence. Dès sa mise en marche, la caisse a un certain nombre de rentes à servir, représenté par le nombre même des travailleurs de 60 ans qui existent à ce moment dans la population. Le système de la répartition permet ainsi de procéder immédiatement, sans délai d'attente, au paiement des allocations à la partie de la population qui remplit les conditions d'âge ou d'invalidité requises. Les charges et les cotisations augmentent ensuite parallèlement à partir de la première année, et cela jusqu'aux environs de la 40ᵉ année qui marque ici le début de la période de roulement continu.

On voit ainsi que la caractéristique financière du système de la répartition des arrérages, c'est la progression des cotisations jusqu'à la période d'équilibre. Mais, une fois même cette période atteinte, une condition indispensable à l'existence du système, c'est que la population affiliée de la caisse se maintienne à un niveau constant. Si en effet cette population venait à diminuer, ce n'est qu'au prix de nouvelles augmentations des cotisations que les pensions annuelles pourraient être payées, et le moment ne tarderait pas à venir, où le nombre des affiliés se restreignant de plus en plus, ceux-ci ne pourraient plus supporter pareille charge.

C'est ce qui explique que la répartition soit un procédé à peu près impraticable pour une caisse libre, ne recrutant que des adhérents volontaires. En fait, le système de la répartition pure et simple n'a été appliqué que rarement, en Allemagne et en Suisse notamment, par les sociétés dites *Frankenvereine* ou *Frankenkassen*, et aux Etats-Unis par les sociétés dites *assessment*. Ces dernières pratiquaient le système du *pass the hat* ou collecte du chapeau qui indique précisément une répartition pure et simple. En fait aussi ces tentatives échouèrent-elles, dès que le nombre des retraites à servir devint un peu élevé. Aussi, comme le dit excellemment M. Bellom (1), sous un régime d'assurance facultative « le système de la répartition constitue une combinaison rudimentaire dans son principe, lourde dans ses charges, injuste dans ses résultats, impuissante dans ses effets ».

Il en est tout autrement dès qu'il s'agit d'une assurance

_____

(1) V. M. Bellom. *Les lois d'assurance ouvrière à l'étranger*, livre III, *Assurance contre l'invalidité*, 1re partie, p. 17-22.

d'Etat englobant *obligatoirement* toute la population active présente et future d'un même pays. Dans un régime d'obligation en effet, il n'y a plus à craindre que les cotisants viennent à se dérober au moment où le paiement des pensions atteindra un certain chiffre. Par suite le système de la répartition est ici un système possible, qui vaut d'être examiné de près, au double point de vue de ses avantages et de ses inconvénients.

A. — *Avantages.*— Les partisans de la répartition font tout d'abord remarquer que, au point de vue théorique, ce système est celui qui répond le mieux à l'idée de solidarité sur laquelle est fondée une institution de retraites. Les diverses générations de travailleurs, dit-on, sont solidaires les unes des autres. Par suite, il est bon et juste que ce soit la partie active de la population qui serve des retraites à la partie qui est devenue incapable de gagner sa vie. Il y a là une dette que les générations se transmettent les unes aux autres, créant entre elles un lien que le système de la répartition ne fait que consacrer.

Ce système a d'ailleurs, au point de vue purement financier, l'avantage appréciable de la simplicité. C'est en effet le système de la tire-lire, chaque année la bourse se remplit et se vide. L'Etat reçoit des uns et avec la totalité de ce qu'il a reçu, il paie les autres. Ce qu'il y a à payer détermine d'ailleurs ce qu'il a à recevoir sous forme de cotisations. Il y a ainsi une péréquation parfaite des ressources et des charges.

De plus, ce système très simple évite tous les inconvé-

nients de la capitalisation. Ici pas de recherche de placements sûrs et avantageux, pas d'effrayante accumulation
de capitaux. Ces capitaux sont laissés aux mains des
industriels, des commerçants, des entrepreneurs de toute
sorte ; ils ne sont pas retirés de la circulation, puisque les
cotisations représentent seulement une quote-part des arrérages et que ces arrérages sont aussitôt distribués entre les
ayants droit. Par suite encore de sa simplicité, ce procédé
n'entraîne que des frais de gestion peu élevés.

Enfin les partisans les plus convaincus de ce système
font remarquer qu'il est très peu coûteux au début, tout en
permettant de servir immédiatement des pensions aux vieillards qui ont atteint l'âge de la retraite. Il n'y a pas ici de
période transitoire à prévoir, le système s'applique intégralement dès la première année. Les charges, faibles au
début, augmentent ensuite. Mais aux yeux de certains, cela
ne saurait être considéré comme un inconvénient. Ce qui
répond de l'avenir dans ce système, c'est, dit-on, la vitalité
même de l'industrie, vitalité qui reste entière puisqu'on
laisse aux entrepreneurs la disposition de leurs capitaux.

B. — *Inconvénients*. — C'est là un point de vue. En voici
un autre bien différent. On fait remarquer tout d'abord que
la solidarité que la répartition suppose, n'existe pas entre
ouvriers successivement occupés dans les diverses branches
de l'activité industrielle. Pour chacun d'eux, la charge est
essentiellement personnelle, elle ne peut être rejetée sur la
postérité.

De plus, au point de vue technique, la répartition dans

une assurance d'Etat, repose sur cette pétition de principe, à savoir que dans une nation la proportion entre les générations nouvelles et les générations anciennes reste constante. Mais qu'il survienne une guerre ou une épidémie qui décime la population, ou même que cette population au lieu d'augmenter décroisse, l'Etat qui s'est porté garant des pensions acquises et des droits en voie d'acquisition, est obligé de répondre pour les manquants. Il accepte une dette à longue échéance dont il doit payer les intérêts. Ainsi l'Etat devient par là même responsable du service des pensions, puisque tout est basé sur son crédit.

Mais au regard des particuliers la situation n'est guère meilleure. En effet, en proportionnant strictement les cotisations aux charges mêmes de l'exercice, le système de la répartition aboutit à une augmentation continue de ladite contribution. Or, si cela est avantageux pour les premiers adhérents, cela ne tarde pas à devenir dangereux pour les suivants. Il est, en particulier, une catégorie de cotisants pour lesquels on ne conçoit pas que la contribution puisse augmenter d'une année à l'autre, ce sont les ouvriers. Les salaires sont en effet sensiblement les mêmes d'une année à l'autre, par suite, un même salaire ne saurait supporter longtemps des charges progressives. Il y a là une impossibilité matérielle qui doit faire rejeter la répartition chaque fois que l'on entend prélever une partie des ressources de l'assurance sur les salaires des travailleurs.

D'ailleurs, au point de vue de la justice, que dire d'un système qui favorise les assurés d'aujourd'hui au détriment de ceux de demain, qui aboutit à faire payer par les assurés de l'avenir les rentes des assurés actuellement jeunes et valides ; que dire encore, au point de vue financier, d'un système qui grève l'avenir au profit du présent. Par suite en effet de l'augmentation des cotisations, la répartition soustrait à l'industrie, au bout d'un certain temps, des capitaux bien plus considérables que ne l'aurait exigé la couverture des pensions.

Enfin, avec le système de la répartition, la liquidation de la caisse des retraites n'est pas possible. Les pensions, en effet, n'étant gagées par rien, du jour où l'institution s'arrête de fonctionner, la caisse est vide. Il est désormais impossible, à la fois de continuer le service des pensions déjà liquidées, et d'autre part de rembourser aux cotisants le montant de leurs versements annuels. Pour éviter un désastre, l'Etat est obligé d'intervenir et de prendre à son compte toutes les charges de la caisse. Mais encore faut-il que son crédit soit suffisant. sinon la liquidation de la caisse lui serait également funeste.

En résumé, on reproche au système de la répartition d'être à la fois le plus cher, le moins juste et le plus imprudent. Sous réserve de ces inconvénients, il est vrai que c'est le système le plus simple et dans une certaine mesure le plus pratique, puisqu'il permet d'entrer immédiatement en fonctionnement et qu'il évite l'accumulation des capitaux avec toutes les difficultés que soulève la gestion de ces derniers.

En fait, la répartition pure et simple n'a jamais été adoptée par aucune législation. Elle est toujours plus ou moins

amendée par la constitution de certaines réserves. Encore
ne rencontre-t-on ces systèmes mixtes que dans l'assurance
contre les accidents du travail. C'est un système de ce genre
qui est à la base de l'assurance-accidents en Allemagne.
Mais en ce qui concerne le risque de vieillesse et d'invalidité, l'importance exceptionnelle des charges à couvrir a
fait jusqu'ici rejeter la répartition par toutes les législations
positives.

En France cependant plusieurs projets se sont inspirés
de ce système. Ce sont notamment les propositions Mirman, Vaillant et Allard, Coutant, Emile Rey et Lachièze,
Francois Fournier, Adam, Taillandier, et Dubuisson pour
la législature 1902-1906. Dans la législature précédente,
on trouve dans le même sens les propositions Zevaès
(Escuyer), Gervais, et Dubuisson qui présentent des types
très nets de systèmes basés sur la répartition.

Le propre de tous ces projets est de substituer la solvabilité et le crédit de l'Etat à ceux des particuliers. Comprenant qu'il est impossible de demander aux ouvriers des
cotisations croissantes avec le temps, les auteurs de ces
propositions suppriment toute cotisation particulière des
intéressés. Il y a ici corrélation entre les ressources et le
système financier adopté. C'est l'Etat et l'Etat seul qui sert
les pensions, de la même manière qu'il le fait pour ses fonctionnaires civils et militaires. Seulement pour se couvrir
des dépenses que la réforme ainsi comprise imposerait à
son budget, l'Etat établira un impôt spécialement affecté
au service des retraites, sorte d'impôt de solidarité dont la

nature et le taux varient suivant les projets. C'est bien encore de la répartition, puisque cet impôt sera réparti sur l'ensemble de la population, mais on peut dire que c'est de la répartition laissée à l'arbitraire et à l'imprévu de l'incidence dudit impôt. Dans quelle mesure les intéressés participeront-ils ici à la formation de leurs retraites, il est impossible de le dire. En outre, le poids de la réforme portera non seulement sur la population active, mais sur l'ensemble de la population, et il est à craindre que ce soit justement la partie de la population qui n'en bénéficiera pas qui sera appelée à payer le plus pour les retraites.

Il résulte de là que ces projets ont beaucoup plus le caractère de lois d'assistance que de lois de prévoyance sociale. Tout vient ici de l'Etat, c'est le budget, et le budget seul qui gage les retraites. Le travailleur lui n'a aucun sacrifice particulier à s'imposer. Du jour où il a atteint l'âge fixé pour la retraite, il est assimilable à un fonctionnaire auquel l'Etat s'engage à servir une pension viagère.

Cette conception est pourtant celle du projet anglais actuellement soumis au Parlement. Dans ce projet on a essayé de localiser les ressources en en faisant des taxes communales, et d'assurer ainsi une certaine répartition des charges entre les intéressés au sein de chaque commune.

Mais nous persistons à penser qu'il y a là un caractère d'assistance nettement marqué. Il faut remarquer en outre que le projet anglais ne prévoit que des allocations assez restreintes (5 schellings par semaine pour les vieux travailleurs, soit environ 25 francs par mois). Et il y a là une nouvelle cause d'infériorité. L'Etat est en effet obligé de limiter ses dépenses et de ménager son crédit.

Enfin nous répétons que l'assistance nous paraît en matière sociale inférieure à la prévoyance. Elle a moins de valeur morale, elle a moins d'efficacité aussi. D'ailleurs en France, il y a un préjugé en la matière, c'est la loi du 14 juillet 1905 sur l'assistance obligatoire aux vieillards, aux infirmes et aux incurables privés de ressources. Cette loi assure un morceau de pain aux indigents âgés qui sont actuellement incapables de se suffire, et elle continuera de secourir ceux qui n'ayant jamais travaillé ou n'ayant pas fait les versements nécessaires n'auront pu se constituer de retraite. Il s'agit là d'une pure œuvre d'assistance vis-à-vis d'un déchet dont la société ne peut complètement se désintéresser.

Mais tout autre est la situation de l'ouvrier vivant de son travail. Celui-ci ne pèche ordinairement que par imprévoyance, il suffit de l'obliger à faire acte de prévoyance. Les versements des ouvriers appellent des versements corrélatifs des patrons, l'Etat intervient en outre par des subventions complémentaires, et ainsi se trouve assurée, par une triple combinaison de ressources, l'efficacité matérielle de l'assurance.

Il s'agit alors de savoir, si le meilleur emploi que l'on puisse faire des cotisations des patrons et des ouvriers, ne consiste pas à les capitaliser pour la garantie même des retraites. Mais auparavant il faut connaître ce que l'on entend par capitalisation, et quels sont les différents systèmes de capitalisation, avec leurs avantages et leurs inconvénients respectifs.

§ 2. — Les systèmes de capitalisation.

La capitalisation, au sens le plus général du mot, est un système qui consiste à constituer par avance les capitaux représentatifs des pensions à servir. C'est donc un système dans lequel les sommes provenant des cotisations sont placées à intérêt et ce sont ces sommes, qui, augmentées de leurs intérêts composés, constituent le gage financier des engagements de la caisse.

Mais le mot de capitalisation est en lui-même peu précis. Il peut en effet accréditer l'erreur que les rentes sont servies sur l'intérêt d'un capital accumulé. Or les rentes sont en réalité prélevées, non seulement sur les intérêts, mais sur le capital lui-même. Il vaudrait donc mieux appeler les systèmes de capitalisation *systèmes de couverture*. Le type le plus parfait serait alors le système de couverture complète que nous allons étudier.

Le système de couverture complète est un système, qui, pour employer l'expression technique consacrée, consiste à constituer les *réserves mathématiques* des engagements en cours. Or, la réserve mathématique n'est autre chose que la *valeur actuelle* des engagements de l'assureur. Le système consiste donc à demander aux assurés, au commencement de chaque année, des cotisations représentant à chaque époque la valeur actuelle de la rente à laquelle ils ont droit. Ces cotisations sont placées à intérêt et au jour où s'ouvre la retraite, le capital et les intérêts accumulés constituent le capital précisément nécessaire au service de la rente, en tenant compte en outre de la mortalité de la population assurée, et des conditions particulières à chaque cas. Ce capital ainsi constitué décroît lui-même à mesure que le retraité avance en âge et devient théoriquement nul au moment même où celui ci disparaît.

Tel est le principe général du système, mais il importe d'en pénétrer plus intimement le mécanisme.

Fonctionnement théorique d'une caisse de retraites sous le régime de la capitalisation.

Comme le dit excellemment M. Guieysse : « pour constituer une rente viagère sur une tête d'âge donné, il faut déposer dans une caisse un capital tel, que si le bénéficiaire vit exactement la durée probable de son existence, ce capital y compris les intérêts de placement, doit servir intégralement à lui assurer la rente prévue jusqu'à la fin de sa vie. »

Ainsi, d'après la table de mortalité C. R. 3 0/0, le prix d'une rente viagère de 100 francs sur une tête de 65 ans est de 926 francs (v. tableau II ci-annexé). A la fin de la 1re année, les intérêts à 3 0/0 dudit capital sont de 27 fr 78. Le capital est donc devenu $926 + 27.78 = 953$ fr. 78. Mais au même moment, la première annuité de rente, 100 francs, est servie au bénéficiaire, le capital est réduit à 853 fr. 78, et ainsi de suite pour les années suivantes. On a

les valeurs successives du capital initial de 926 francs que
voici :

A la fin de la 1re année 853.78

     —   2e   — 779.39

         3e   — 702.77

         4e   — 623.85

     —   5e   — 542.56

         6e   — 458.84

         7e   — 372.60

     —   8e   — 283.78

         9e   — 192.29

     —   10e   — 98.07

     —   11e   — 1.01

La durée de la vie probable pour un assuré de 65 ans est
en effet de 11 ans. Le capital constitutif, avec ses intérêts,
a donc servi pendant 11 ans à payer au bénéficiaire une
rente de 100 francs à la fin de chaque année.

Reste à savoir de quelle manière sera constitué ce capital de 926 francs nécessaire au service de la rente, et qui
représente justement la réserve mathématique des engagements en cours. Ici plusieurs systèmes se présentent.

On peut tout d'abord attendre l'époque de la mise à la
retraite et à ce moment verser en une seule fois le capital
constitutif de la rente. On forme ainsi ce qu'on appelle une
rente immédiate. Mais on procède le plus souvent par une
série de versements égaux ou inégaux effectués depuis le
début de l'assurance. Le capital des rentes est alors constitué au moyen d'une série d'annuités successives *ou primes*,

dont le montant varie d'après le taux de placement et qui produisent une valeur déterminée de rente viagère à l'âge fixé. On a alors ce qu'on appelle une *rente différée*, c'est-à-dire dont la formation a été répartie sur un certain nombre d'années.

Un exemple éclairera cette première distinction. D'après le tarif C. R. 3 0/0, un versement annuel de 10 francs commencé à l'âge de 25 ans et continué jusqu'à 60 ans en cas de vie, c'est-à-dire pendant 35 ans, assure à cet âge une rente viagère de 76 fr. 04 (V. tableau III).

Supposons donc qu'on veuille constituer à une personne âgée de 25 ans actuellement une rente viagère de 76 fr. 04, à partir de 60 ans, si elle atteint cet âge. On peut procéder en faisant 35 versements annuels de 10 francs, ce qui fait 350 francs (sans les intérêts), ou bien on peut attendre l'âge de 60 ans, pour essayer de tirer avantage des prédécès possibles, et verser un capital de 851 fr. 65 (le prix d'une rente viagère de 1 franc étant à 60 ans de 11 fr. 20. V. tableau II).

La formation des rentes différées donne lieu d'ailleurs à toute une série de combinaisons. On peut concevoir, en effet, un système de formation des rentes dans lequel la cotisation se modèle sur le risque. Le risque variant avec l'âge, la cotisation varie avec lui et augmente avec l'âge de l'assuré. C'est le système des contrats annuels successifs dont les inconvénients sont évidents, et qui est inapplicable à l'assurance ouvrière.

On conçoit encore un système dans lequel la cotisation

nnuelle, tout en étant fixe pour un même assuré, varierait
avec l'âge d'entrée des affiliés. Ce système, qui peut convenir à une assurance privée, ne saurait encore s'appliquer
dans une assurance obligatoire, où la cotisation dépend
moins des besoins de l'assureur, que des moyens pécuniai-
res des assurés.

Aussi un système déjà plus pratique consiste-t-il à appliquer à tous les assurés, quel que soit leur âge, une même
cotisation, cotisation moyenne indépendante de l'âge d'entrée et qui reste la même pendant toute la période de formation. C'est le *système dit des primes fixes*, pratiqué en
général par les Compagnies d'assurances, et qui pourrait
s'appliquer à une assurance d'Etat si l'on pouvait demander
à tous les obligés la même cotisation chaque année.

Mais il y a à cela une impossibilité matérielle. Les ressources des ouvriers sont en effet variables d'une année à
l'autre. Par suite, il faut modeler la cotisation sur les dispo-
nibilités actuelles de chaque assuré. Et pour cela il n'y a
qu'un système possible, c'est celui qui est pratiqué par la
Caisse nationale des retraites pour la vieillesse, et qu'on
appelle *système des primes uniques*. Dans ce système chaque versement est considéré comme un capital indépendant
et sert à constituer une fraction de la future rente. Cette
rente, on ne sait pas à l'avance ce qu'elle sera. Elle sera ce
que l'auront faite les versements successifs, qu'ils soient
égaux ou inégaux. Chaque versement produit ainsi son effet
à l'époque déterminée pour la retraite, et c'est l'ensemble
des petits capitaux ainsi constitués qui forme le capital global destiné à couvrir le service de la rente.

Pour la commodité des calculs, on suppose d'ailleurs que les versements annuels à faire pour un même assuré sont égaux, mais ce n'est là qu'une possibilité et non une obligation légale.

Remarquons, en outre, que dans les systèmes de constitution du capital par versements annuels, il y a intérêt à décider que les versements de ceux qui décèdent avant d'arriver à la retraite sont perdus pour eux et pour leurs héritiers.

On oppose ce système dit de versements *à capital aliéné* au système de versements *à capital réservé*. Le premier accroît les ressources de l'assurance d'une façon appréciable et permet d'abaisser le taux des cotisations. A cotisations égales, le second au contraire donne des résultats bien moins élevés, il est bien moins productif. Le paiement de la rente repose en effet ici, uniquement sur les intérêts produits par les versements, puisque le montant en capital de ces versements doit être remboursé un jour à l'assuré ou à ses ayants droit. Par suite, la rente produite est très sensiblement inférieure à celle que produiraient les mêmes versements à capital aliéné.

Ainsi à 25 ans, des versements annuels ou primes de 10 francs continués jusqu'à 65 ans constituent une rente viagère de 129 fr. 90 à capital aliéné, et de 70 fr. 10 seulement à capital réservé Cette première forme s'impose donc, d'autant plus que le versement à capital réservé est au point de vue social contraire au principe de solidarité qui fait le fond d'une institution obligatoire de retraites.

Ainsi donc, la capitalisation doit tendre dans son but à la formation de rentes différées et cela au moyen de versements faits à capital aliéné. Mais dans ces conditions on conçoit encore que la couverture du risque soit plus ou moins étendue. Selon que seront constituées pour le tout ou pour partie seulement les réserves mathématiques des engagements contractés, on aura des systèmes de couverture complète ou incomplète.

Parmi ces systèmes mixtes ou de demi-couverture, il faut signaler le *système dit de capitalisation par périodes*. Ce système consiste à limiter la garantie à un certain nombre d'années. On divise ainsi la durée de l'assurance en périodes et on ne calcule que la cotisation nécessaire pour faire face pendant une période aux charges probables évaluées en capital, qui correspondent aux pensions venant à échéance durant cette période. C'est, on le voit, un système de capitalisation, mais non un système de couverture complète.

Seuls cependant ces derniers systèmes donnent satisfaction à l'idée de gager le service des retraites sur le capital nécessaire, idée qui fait la valeur de la capitalisation. Toute autre combinaison, dans laquelle les réserves mathématiques ne seraient pas intégralement constituées, ne saurait prétendre au nom de système de couverture. Tôt ou tard, en effet, les réserves accumulées viendraient à être insuffisantes, et il faudrait consentir de nouveaux sacrifices extraordinaires pour permettre à la caisse de tenir ses engagements. Les faits nous fourniront pourtant un certain nombre d'exemples de ces systèmes mixtes.

Si nous restons dans l'hypothèse d'un système de couverture complète au moyen de primes fixes annuelles, voici quelle sera la marche suivie par la caisse des retraites.

Reprenons notre exemple théorique d'une caisse comprenant 100 000 adhérents entrant à l'âge de 25 ans chaque année et servant des pensions à ses membres arrivés à l'âge de 60 ans. Pour la commodité du calcul nous supposerons que les pensions servies sont uniformément de 76 fr. 04, correspondant d'après le tarif C. R. 3 0/0 à des versements annuels de 10 francs pour chaque assuré.

L'existence d'une pareille caisse peut, au point de vue financier, se subdiviser en trois périodes principales :

1° Une période de capitalisation, au cours de laquelle la caisse reçoit les versements de ses adhérents et les capitalise à intérêts composés. C'est la période de formation des réserves mathématiques. Elle se subdivise elle-même en deux sous-périodes :

a) Pendant les 35 premières années, la caisse ne sert aucune pension. En revanche la population affiliée augmente et passe de 100.000 affiliés à 3.096.309 pour se fixer désormais à ce chiffre (V. tableau, p. 19). Le montant des versements annuels qui était la 1re année de 1.000.000, atteint au bout de 35 ans le chiffre de 30.963.090 francs et ne varie plus. Pendant ces 35 années, ces versements sont intégralement mis en réserve et capitalisés.

b) Mais à partir de la 36e année, ont lieu les premières mises à la retraite. Les rentes annuelles commencent à être servies. Dès ce moment il n'est plus possible de mettre en réserve l'intégralité des cotisations reçues annuellement. Ces cotisations accroissent pourtant le capital encore pendant un certain temps. Mais le nombre des pensions augmente rapidement, en sorte que la somme des arrérages annuels en vient à dépasser le total des cotisations reçues.

2° La somme des pensions à servir se fixe elle-même à son maximum aux environs de la 40ᵉ année après les premières mises à la retraite. On est alors dans la deuxième période dite de roulement continu. A ce moment les primes reçues, les rentes payées, et le capital accumulé ne varient plus. La caisse reçoit chaque année 30.963.090 fr. de cotisations et elle sert 1.008.375 pensions de 76 francs environ, soit une charge annuelle de 76.636.500 francs.

Ainsi à l'époque du roulement continu, dans le système de la capitalisation, les versements annuels sont insuffisants pour assurer le service des rentes. Par quel moyen est comblée la différence ? Elle est comblée justement par les intérêts des capitaux constitués et placés pendant la période de capitalisation.

Mais ici il faut bien voir comment les choses se passent. En effet, dans un système de couverture et par définition même, le capital de réserve doit être suffisant pour que, augmenté de ses intérêts, il assure le paiement des pensions acquises et en cours d'acquisition.

Ici, le capital constitué au début de la période de roulement continu est supposé tel, que augmenté de ses intérêts, il suffise à assurer le service des pensions qui s'ouvrent à cette époque. Les sommes nécessaires au paiement des

arrérages annuels pourraient donc, dévraient donc être prélevées : 1° sur les intérêts du capital de réserve ; 2° sur ce
capital lui-même. Ainsi, dès la première année du roulement
continu, le capital de réserve serait entamé.

Mais il ne faut pas oublier que chaque année, la caisse
reçoit 30.963.090 francs de cotisations nouvelles. Or. ce sont
justement ces cotisations qui viennent annuellement combler
la brèche faite au capital, et l'on démontre (1) que, en régime normal, elles la comblent toujours exactement.

En régime normal, les charges sont donc couvertes :
1° par l'intérêt des réserves ; 2° par un prélèvement sur le
capital des réserves précisément égal aux cotisations et donc,
pratiquement, par les cotisations. Par suite le capital reste
en réalité intact et constitue à chaque instant de l'existence
de la caisse la réserve mathématique des engagements en
cours. Dans ces conditions, tant que la loi de mortalité ne
se modifie pas, tant que le taux de l'intérêt ne varie pas, les
engagements de la caisse sont garantis.

3° Enfin il y a une 3° période à prévoir, c'est celle de la
liquidation. A partir du moment où la caisse cesse de recevoir de nouveaux affiliés, il se produit dans les divers éléments envisagés des variations inverses de celles de la première période. Les primes reçues diminuant, le capital de
réserve vient à être effectivement entamé, par suite il dimi-
nue. Mais le chiffre des pensions décroît aussi parallèlement, en sorte que les ressources de la caisse arrivent à

(1) V. Paul Soulier, *Les institutions de retraites des Compagnies
de chemins de fer*, p. 128 et s.

zéro au moment même où est versée la dernière annuité de la dernière pension.

Tel est ce système de la capitalisation exposé dans son fonctionnement théorique. Mais il faut bien remarquer que ce système suppose à son origine une longue période d'attente, un délai de carence, pendant lequel aucune pension n'est payée et pendant lequel la caisse reçoit des versements et les capitalise. C'est sur l'existence de cette période de capitalisation que repose tout le système, puisque c'est l'intérêt des réserves constituées au cours de cette période qui permettra, lorsqu'on arrivera au régime normal, de servir les pensions sans augmenter le taux des cotisations annuelles.

C'est ainsi en effet que les choses se passent dans une caisse d'assurance privée. Mais lorsqu'il s'agit d'une assurance d'Etat, le problème se présente sous un aspect nouveau. On veut que la réforme ait une application ou un commencement d'application immédiat. Exiger dès aujourd'hui des sacrifices des ouvriers, pour ne payer des pensions aux survivants d'entre eux qu'au bout de 30 ou 35 ans, paraîtrait à beaucoup un leurre, et risquerait fort de rendre tout projet de ce genre impopulaire. Il y a une nécessité de fait à tâcher de faire participer la génération actuelle au bénéfice de la loi. Par suite, le système de la capitalisation ne saurait être adopté dans une assurance obligatoire, sans être complété par un ensemble de *mesures transitoires* destinées à faire bénéficier immédiatement la population active des avantages de la réforme. Ces dispo-

sitions transitoires consisteront généralement en paiement
d'allocations inférieures aux rentes prévues pour les assurés de plein fonctionnement, mais qui s'en rapprocheront
au fur et à mesure que l'on sortira de la période d'attente.
Au cours de cette période, les rentes servies ne seront garanties par aucun versement, ou ne seront compensées que
par des versements insuffisants. Elles devront être couvertes par des ressources étrangères à l'assurance proprement
dite. Et il ne faut pas se dissimuler que c'est là, pour une
assurance d'Etat, le point le plus délicat de la question ; car,
pour peu que les allocations transitoires soient importantes,
elles grèveront le budget de l'Etat de charges considérables.
Enfin. au point de vue des principes, il est certain que la
présence de ces dispositions transitoires enlève à la loi de
retraites son caractère strict de loi de prévoyance. Du moment, en effet, que l'on accorde des pensions à des gens qui
n'ont fait aucun versement, ou qui n'ont fait que quelques
versements, on est beaucoup plus près du principe de l'assistance que de celui de l'assurance.

C'est là certainement un des points faibles du système de
la capitalisation dans une assurance d'Etat. Mais il importe
de rechercher avec plus de précision, quels sont les avantages et les inconvénients de ce système, puis de les comparer d'aussi près que possible à ceux de la répartition.

A. — *Avantages.* — Ce qui fait la grande valeur des systèmes de capitalisation et principalement du système de couverture complète, c'est qu'avec eux le gage des engagements pris par la caisse est toujours présent. A quelque

moment qu'on se place, passé le délai d'attente, les réserves répondent des charges de la caisse vis-à-vis non seulement des pensionnés, mais vis-à-vis des assurés. Ainsi l'avenir de la caisse est garanti, et c'est là pour un établissement privé une garantie indispensable.

Pour une assurance d'Etat, faisant appel aux ressources du budget, la question de couverture complète peut paraître moins importante, puisque l'Etat est là pour combler les déficits, s'il s'en produit. Mais ce serait un procédé ruineux pour les finances publiques. Il suffit pour s'en rendre compte de supposer que la caisse des retraites vienne à se liquider.

C'est là une éventualité qui, même dans une caisse d'Etat, n'est pas impossible à prévoir. Il se peut que cette liquidation apparaisse un jour comme nécessaire ou comme simplement utile. Que se passera-t-il alors ?

Avec le système de la répartition, où la caisse se remplit et se vide chaque année, une fois payées les pensions de la dernière année, il ne reste plus rien en caisse. Par suite, d'une part les pensionnés cessent de toucher leurs arrérages, d'autre part les assurés perdent, sans aucune compensation, les sommes qu'ils ont versées à titre de cotisations annuelles.

Dans le système de couverture complète, au contraire, les engagements de toute sorte, échus ou à échoir, sont garantis. Au moment de la liquidation les réserves sont intactes, et elles sont suffisantes pour permettre, d'une part, de continuer le paiement des pensions viagères jusqu'au décès du dernier retraité, d'autre part, de rembourser aux simples assurés le montant en capital des cotisations qu'ils ont versées à la caisse. Ainsi, non seulement les retraités sont couverts, mais les assurés sont remboursés, de telle sorte qu'ils peuvent, s'ils le veulent, se faire prendre en charge par un nouvel assureur, au point exact où la caisse d'Etat les a laissés, en abandonnant simplement ce que celle-ci leur a remboursé.

Cela montre que le système de capitalisation est un système scientifique, dans lequel la péréquation des ressources et des charges est réalisée d'une manière mathématique. C'est le seul système qui permettre d'y voir clair dans le fonctionnement de la caisse, de connaître à chaque instant quelle est sa véritable situation, et de prévoir quel sera son avenir.

Sans doute, cette fonction d'expert comptable, la capitalisation ne la remplit parfaitement que si elle se fonde sur des données suffisamment exactes et précises. Ces données, c'est à la statistique de les lui fournir. Mais ce système est capable en outre d'une assez grande souplesse qui lui permet justement de parer aux incertitudes fatales d'une entreprise nouvelle d'assurance. Ces incertitudes proviennent de deux causes : la variation de la mortalité, et la variation du taux de l'intérêt. Le système de la capitalisation permet justement de tenir compte de ces deux facteurs, et de modeler toujours exactement les ressources de la caisse sur la somme de ses engagements. En un mot, c'est le système scientifique par excellence.

B. — *Inconvénients.* — Pourtant ce système n'est pas

sans présenter de graves inconvénients, principalement lorsqu'il s'applique à une assurance d'Etat obligatoire, s'étendant à une catégorie très nombreuse de population.

Ce système repose en effet, pour toute sa partie mathématique, sur le placement à intérêt. Le taux de l'intérêt en est la clef de voûte, et ce taux, pour les nécessités mêmes du calcul, est supposé constant. Or, c'est une vérité d'expérience que le taux de l'intérêt est essentiellement variable C'est également une autre vérité économique, que ce taux, dans les pays de vieille civilisation, tend constamment à baisser.

En fait, au cours du siècle dernier, les Compagnies d'assurance privées ont dû abaisser leur taux de capitalisation de 4 0/0 à 3 1/2 0/0, et la Caisse nationale des retraites pour la vieillesse, plus limitée dans le choix de ses placements, a dû l'abaisser à 3 0/0. Rien ne prouve d'ailleurs qu'il ne faille, d'ici à quelques années, descendre encore au-dessous de ce taux.

Or, il suffit d'une baisse de 25 centimes pour fausser tous les calculs établis d'après un taux de capitalisation supérieur. Le capital nécessaire au service des rentes viagères d'un groupe déterminé d'individus varie en sens inverse du taux de l'intérêt. Par suite, les réserves constituées en tenant compte d'un taux supérieur d'intérêt, deviennent insuffisantes à couvrir les engagements futurs, et ainsi disparaît en partie la garantie des assurés.

Sans doute, pour l'avenir, la caisse peut se réserver le droit d'abaisser son taux de capitalisation suivant les circonstances économiques. Mais il ne faut pas oublier que, lorsque le taux de l'intérêt baisse, celui des cotisations augmente nécessairement, et ainsi le sacrifice demandé aux affiliés devient plus considérable.

Or, pour une assurance obligatoire, c'est là un vice grave. L'augmentation des cotisations, dans un système de capitalisation, est une extrémité douloureuse à laquelle on ne se résoudra pas facilement. La caisse se trouvera alors dans la nécessité de parer au déficit au moyen de ressources extraordinaires, et en fait, c'est à l'Etat qu'on s'adressera, soit pour garantir un taux d'intérêt constant, soit pour compléter les réserves dans la mesure nécessaire. De toutes façons, le budget sera mis à contribution.

D'ailleurs, la baisse du taux de l'intérêt pourrait bien n'être que la conséquence du placement des sommes considérables que la caisse d'Etat serait forcée d'accumuler. La question du placement et de la gestion de ces sommes constitue à elle seule un problème financier particulièrement difficile (1). Il s'agirait en effet, dans une caisse obligatoire, de placer et de faire valoir, non pas quelques centaines de millions comme dans la plupart des assurances privées, mais plusieurs milliards. A quel genre de placements s'arrêterait-on pour que, d'une part, la sécurité du capital soit assez grande, et que, d'autre part, le placement soit assez productif? C'est le point de vue purement financier.

_____

(1) V. IIIe partie, chap. 1er.

Mais à côté, il convient de se demander, si le fait de retirer de la circulation d'aussi énormes capitaux ne causerait pas dans le pays un trouble profond, et si l'accaparement par la caisse des retraites des fonds nationaux n'entraînerait pas pour l'Etat certaines conséquences particulières. On reproche en effet à la capitalisation d'aboutir à une sorte de mainmorte et de détourner une partie importante du capital national des œuvres productives. Ira-t-on alors jusqu'à placer ces capitaux en valeurs industrielles ? C'est une solution bien dangereuse. Nous n'avons pas d'ailleurs à rechercher ici la meilleure solution. Mais ces divers aperçus montrent seulement la difficulté du placement des capitaux accumulés par la caisse des retraites sous un système de couverture.

Un dernier inconvénient de ce système déjà signalé et particulièrement grave lorsqu'il s'agit d'une assurance obligatoire, c'est d'exiger le versement régulier et périodique de cotisations, pendant une longue suite d'années, avant d'arriver au terme prévu pour l'entrée en jouissance des premières pensions. C'est là un inconvénient tel que la plupart des projets et des législations ont dû passer outre et introduire dans leur économie un ensemble de dispositions transitoires destinées à rendre, dans une certaine mesure, l'application de la réforme immédiate. Pour faire face à ces dispositions, il faut alors faire appel à des ressources extérieures, c'est-à-dire à l'Etat, et l'on marche ici en répartition. On est ainsi amené, par la force même des choses, à intro-

duire une part de répartition, dans des systèmes basés cependant sur la capitalisation.

Nous venons de montrer séparément quels sont les avantages et inconvénients respectifs des deux grands systèmes
en présence. Il y a maintenant un intérêt à les rapprocher
pour les comparer par les points où ils s'opposent le mieux.
Cette opposition ne peut manquer de jeter une vive lumière
sur chacun d'eux, et sans doute pourrons-nous entrevoir
une conclusion, que l'étude des faits nous permettra ensuite de confirmer.

§ 3. — Parallèle de la capitalisation et de la répartition.

Nous avons vu que chacun des deux systèmes fondamentaux en matière d'assurance comporte des variantes et qu'il
y a entre eux des systèmes mixtes. Mais les deux systèmes
extrêmes, les deux plus caractéristiques sont le système
de couverture complète et le système de la répartition des
arrérages. Ce sont ceux-là que nous allons opposer directement, et cette comparaison nous la ferons à deux points de
vue principaux :

1º Au point de vue technique et financier ;

2º Au point de vue économique et social ;

1º *Point de vue technique et financier.*

Au point de vue de la mise en marche d'abord, il faut
bien reconnaître que l'application du système de la répartition est beaucoup plus facile et immédiate. Ici, point n'est

besoin de statistiques compliquées, de tables de mortalité soigneusement dressées et contrôlées. Du moment que chaque année le montant total des cotisations est fixé d'après le montant total des charges, il est pour ainsi dire inutile de prévoir, il suffit de constater quel est l'ensemble des risques venus à échéance dans l'année. Pour les mêmes raisons, point n'est besoin ici de dispositions transitoires qui viennent singulièrement alourdir les systèmes de capitalisation et qui rompent l'harmonie des systèmes dits de couverture complète. Inutile enfin de se préoccuper du taux de l'intérêt et des variations que ce taux peut subir, puisqu'il n'y a de placements d'aucune sorte à effectuer.

Ce sont là des avantages de simplicité, de facilité d'exécution qui sont indéniables et qui, de prime abord, séduisent, dans le système de la répartition On peut ajouter encore que ce système, à raison même de sa simplicité, exige de moindres frais de gestion que les systèmes de capitalisation.

Mais voici une objection très grave, et qui, à elle seule, peut suffire à créer une présomption favorable au système de la capitalisation. La répartition serait un système plus cher que ce dernier. Ici il importe de bien s'entendre.

Théoriquement, en effet, la question de savoir lequel des deux systèmes est le plus ou le moins cher, est oiseuse.

Car les actuaires ont démontré que les deux systèmes exigent mathématiquement la même dépense. Si en effet on se place au jour de l'échéance, et si les prévisions relatives à la mortalité et au taux de l'intérêt se réalisent, à ce moment il doit y avoir égalité absolue entre la valeur des primes versées dans le système de capitalisation et la valeur des arrérages payés directement dans le système de la répartition. C'est là un principe connu dans la science actuarielle sous le nom de principe de l'égalité des valeurs actuelles et qui en soi ne saurait être contesté.

Mais pratiquement, la question de cherté relative des deux systèmes reste entière. Si en effet le total des charges, exprimé en valeurs actuelles à une époque donnée, est le même, *la répartition de ces charges dans le temps est toute différente*. Et il s'agit de savoir quel est, à ce point de vue, c'est-à-dire au point de vue de la détermination des cotisations annuelles, le meilleur et finalement le moins cher des deux systèmes.

Or, voici ce qui se passe. Sous le régime de la répartition, au début des opérations de la caisse, il n'y a pas, ou il y a peu de rentes à servir. Par suite, la cotisation initiale est nulle ou peu élevée au début. Puis la dépense annuelle grossit au fur et à mesure que la population retraitée s'accroît. La cotisation-répartition s'accroît parallèlement, et cela jusqu'à l'époque du roulement continu où les entrées et les décès se compensent. A partir de ce moment, c'est-à-dire 80 ans environ après l'ouverture des opérations, la cotisation-répartition demeure constante.

La cotisation-capitalisation au contraire est fixée dès l'origine, d'après les calculs de probabilité effectués sur le groupe initial de population assurée, et cette cotisation ou prime

moyenne annuelle ou prime fixe, est invariable théoriquement pendant tout le cours de l'existence de la caisse.
Pour cette raison, et parce qu'il s'agit d'une quantité
moyenne, elle est tout d'abord supérieure à la cotisation-
répartition, et il est facile de prévoir qu'elle doit finir par lui
être inférieure au moment où l'on atteint le roulement normal. C'est bien en effet ce qui a lieu.

« Ainsi, dit M. Léon Marie dans son rapport de l'Exposition de 1900 (1), pour acquérir une pension de 360 francs,
avec entrée en jouissance à 60 ans, si l'on s'adresse, en
France, à la Caisse nationale des retraites pour la vieillesse,
qui pratique la capitalisation, il faut payer 41 francs par an,
depuis l'âge de 25 ans (tarif actuel, C. R. 3 1/2 0/0). En
supposant qu'un groupe d'assurés veuille acquérir la même
pension par le système de la répartition, la cotisation sera
nulle au début, mais lorsque ce groupe atteindra l'époque
du roulement normal, en admettant que la mortalité suive
toujours la loi de la table employée par la Caisse nationale
des retraites pour la vieillesse, chacun devra payer 110 francs
par an. La différence, soit 69 francs, représente le revenu
des réserves constituées dans le système de la capitalisation et absentes dans le système de la répartition. »

M. Guieysse, dans son rapport de 1904, refait le calcul et
arrive à d'analogues résultats. Supposons, dit-il, une caisse
de retraites constituée par 100.000 adhérents entrant tous
les ans à l'âge de 25 ans et dont les survivants âgés de 65 ans

(1) Rapport du jury international de l'Exposition de 1900 sur les
Institutions de prévoyance, classe 109.

doivent jouir à partir de cet âge d'une rente de 129 fr. 90.

La première année, ces 100.000 adhérents verseront 1.000.000 de francs (en effet, d'après le tarif C. R. 3 0/0, pour se constituer une rente de 129 fr. 90 à 65 ans, il faut verser 10 francs par an depuis l'âge de 25 ans) ; la deuxième année leur nombre sera réduit à 99.260, mais il y aura 100.000 entrants nouveaux, soit au total 199.250 adhérents versant 1.992.600 francs, et ainsi de suite (1). Au bout de 40 ans le nombre des adhérents sera constant et égal à 3.401.160 et le montant des versements sera de 34.011.600 francs.

Le nombre des têtes âgées de 65 ans, qui auront droit chaque année à la pension, sera constamment de 57.059 et le capital constitutif des 57.059 pensions de 129 fr. 90 sera de 68.931.000 francs.

Enfin, si les rentes des pensions sont servies par arrérages, il faudra après 40 ans payer la première année 57.059 pensions de 129 fr. 90, soit 7.412.000 francs ; la deuxième année ces 57.059 pensions seront réduites à 54.929 et comme il y en a 57.059 nouvelles, ce sera 111.988 pensions à servir, soit 14.554.700 francs d'arrérages, et ainsi de suite, en croissant, jusqu'à l'époque correspondant à la durée extrême de la vie humaine, c'est-à-dire 75 ans après le commencement des premières opérations ou 35 ans après le premier paiement d'arrérages. Le montant des arrérages atteindra à ce moment 90.168.000 francs, dette constante

(1) V. le tableau, p. 18.

et perpétuelle correspondant à un capital de plus de 3 milliards. *Au bout de 5 ans, le service des arrérages atteint le montant du versement constant des primes ; au bout de 11 ans, il atteint la valeur constante des capitaux constitutifs.*

Ainsi, les deux systèmes aboutissent à des cotisations qui sont respectivement dans le rapport de 23 à 9 environ, et le second, celui de la répartition, finit par exiger des sacrifices annuels qui dépassent la valeur même des capitaux constitutifs dans le système de la capitalisation. Il est vrai que le système de la répartition dégrève presque complètement les premiers adhérents, mais c'est pour surcharger d'autant les assurés de l'avenir. C'est ainsi un système qui sacrifie l'avenir au présent. Peut-être faut-il voir là une des raisons qui le font préférer par des réformateurs imprévoyants ou par de peu scrupuleux industriels désireux les uns et les autres de dissimuler les véritables charges de la réforme et d'en rejeter le poids sur l'avenir.

Pour nous, le meilleur système financier doit être celui qui répartit le plus uniformément, entre toutes les années d'existence de la caisse, les subventions annuelles destinées à assurer le paiement des rentes. Au point de vue donc de la répartition des charges dans le temps, c'est le système de la capitalisation qui s'impose à nos préférences.

C'est aussi celui qui convient le mieux, si l'on envisage, non plus l'ensemble des cotisations, mais la cotisation de chaque assuré, et en particulier celle de chaque salarié. Il est tout à fait impossible en effet de prélever sur les sa-

laires les cotisations croissantes avec le temps qu'exige un
système de répartition. C'est là un point sur lequel tout le
monde est d'accord. Aussi les partisans de la répartition
échappent-ils à l'objection, en n'exigeant de l'ouvrier, dans
leurs propositions, aucune cotisation particulière. C'est là
un point de vue. Et nous avons déjà montré que les propositions de ce genre faisaient de la réforme une œuvre de
pure assistance au lieu d'une œuvre féconde de prévoyance.
Mais n'est-ce pas là, dira-t-on, une querelle de mots ? Assistance ou prévoyance, peu importe, disent certains, pourvu
que le but matériel de la loi soit atteint. Mais c'est que justement avec une loi d'assistance une partie de ce but n'est
pas atteinte. Tous les effets sociaux et moraux de la réforme
disparaissent et les ouvriers, en ne faisant de leur côté
aucun sacrifice, perdent par là même tout droit de contrôle
et de participation dans le fonctionnement de l'assurance.
La loi de retraites devient une aumône et rien de plus. Dans
le système de la capitalisation au contraire, la fixité des cotisations pour un même assuré permet d'adapter le sacrifice
consenti à toutes les situations, à toutes les facultés. Sans
doute ces facultés sont elles-mêmes variables, mais on peut
toujours maintenir l'égalité de sacrifice : il suffit pour cela
de rendre la cotisation proportionnelle au salaire moyen ou
effectif. En employant alors le système des primes uniques
adopté par la Caisse nationale des retraites pour la vieillesse,
chaque versement est capitalisé isolément et produit une
fraction de rente. Toutes ces fractions s'ajoutent, lors de
l'échéance de la pension, pour former l'allocation totale, et

l'on a tout de même bénéficié dans ce système du jeu des intérêts composés et des autres avantages de la capitalisation.

C'est encore ce système qui s'impose, quand on le compare avec le système de la répartition, au point de vue capital en la matière, des sûretés que chacun d'eux comporte. A ce point de vue, la caractéristique du système de la répartition, c'est qu'il ne présente pour l'avenir aucune garantie. Le paiement des arrérages échus repose sur une simple promesse de la caisse. Quant aux versements des assurés, rien n'en garantit ni le remboursement ni l'emploi. Cette absence de garantie se manifeste avec une évidence particulière si l'on se place dans le cas d'une liquidation de la caisse des retraites. Dans cette éventualité en effet, et avec le système de la répartition, les pensionnés en cours cessent du jour au lendemain de toucher leurs arrérages ; les assurés, eux, perdent sans compensation d'aucune sorte le montant des cotisations versées.

Le danger d'un pareil système est si évident, que dans la pratique, les institutions qui pour d'autres branches de l'assurance, pratiquent la répartition, ont cru devoir prévoir la formation de certaines réserves, destinées à parer à l'imprévu et à gager dans une certaine mesure leurs engagements. Mais il ne faut pas confondre ces réserves, pour si réglementaires qu'elles soient, avec les *réserves mathématiques* dont la constitution est l'essence même des systèmes de couverture. Pour si importantes que soient les réserves ordinaires dans un système de répartition, elles constitue-

ront toujours une garantie insuffisante, et lors de la liquidation elles ne suffiraient pas à faire face à tous les engagements de la caisse.

Dans une assurance d'Etat il est alors aisé de prévoir ce
qui arriverait. C'est que l'Etat serait amené à prendre ces
engagements à son compte. Et c'est ainsi une dette de plusieurs milliards dont il se trouverait grevé, et qu'il faudrait
liquider dans une durée de 60 ou 70 ans avec des ressources
extraordinaires.

C'est bien là en effet la caractéristique dernière de tout
système de répartition dans une assurance obligatoire. Tous
ces systèmes reposent finalement sur la garantie et le crédit
de l'Etat. Ce crédit, dit-on, suffit à tout. On dit cela, mais
on ne veut pas voir que ce système que l'Etat emploie pour
les pensions de ses propres fonctionnaires, constitue un
péril toujours plus menaçant pour les finances publiques.
La dette viagère augmente sans cesse et grève lourdement
nos budgets. Plusieurs ministres des finances ont déjà dé-
noncé le mal et l'un d'eux (1) a cru trouver le remède dans
l'institution d'une véritable caisse des retraites, dans laquelle
seraient versées les retenues opérées sur les traitements, et
qui pratiquerait la capitalisation. Cette caisse serait en outre
alimentée par une dotation annuelle. Mais le seul bénéfice
du jeu des intérêts composés permettrait d'alléger les charges budgétaires et en outre le service des pensions serait
garanti.

(1) Voir projet de M. J. Caillaux, *Doc. parlem.* Chambre, 1901, annexe n° 2442.

Ce que l'on croit utile pour les pensions civiles et militaires qui s'élèvent à 280 millions environ, ne le serait-il plus pour les retraites ouvrières qui s'élèveront en arrérages à un chiffre trois ou quatre fois plus fort ? Il n'est pas permis de le croire. Au point de vue de l'Etat donc, il est certain que le système de la répartition présente un inconvénient grave, disons mieux un péril. Or, dans une œuvre sociale de ce genre, il faut se garder de toute imprudence. La désillusion de la classe ouvrière serait trop grande, si cette réforme si longtemps promise venait à sombrer dans une catastrophe financière qui ébranlerait les assises même de l'Etat.

Comme le dit en termes excellents M. Guieysse : « Avec la capitalisation, au contraire, quelles que soient les difficultés que présente l'emploi des fonds et les dangers de la baisse du taux de l'intérêt quand il s'agit de placer des milliards, le gage est toujours présent. Si à une époque donnée, les travailleurs trouvent que leurs fonds peuvent être employés à un meilleur usage qu'à la retraite viagère, et avec le progrès des idées, avec une nouvelle conception sociale des conditions du travail, cette éventualité doit être considérée comme très possible, la capitalisation offre cet immense avantage, de conserver comme gage intact la valeur rigoureuse des engagements pris envers les travailleurs correspondant aux versements opérés. » En cas de liquidation, en effet, ce ne sont pas seulement les retraites en cours qui continueraient à être payées jusqu'à leur extinction, ce sont encore les versements des assurés qui seraient remboursés en capital.

Enfin un dernier avantage ; au point de vue comptable, avec la capitalisation on connaît toujours exactement la situation véritable de la caisse. Avec la répartition au contraire, pour apprécier le chiffre des engagements de la caisse, on est obligé justement d'avoir recours aux méthodes de calcul des charges usitées dans le système de la capitalisation, et ainsi ce dernier système apparaît comme l'expert-comptable indispensable de tous les autres.

2° *Point de vue économique et social.*

Le système de la répartition, avons-nous dit, paraît de prime abord, plus conforme à l'idée de solidarité. La capitalisation, au contraire, avec ses procédés financiers, donne à l'assurance un caractère individuel, en quelque sorte privé, et éveille les défiances de certains. Dans le premier système, c'est la nation tout entière qui sert des retraites aux vieux travailleurs incapables de se suffire ; dans le second, ce sont les travailleurs eux-mêmes qui sont, avec la collaboration de l'Etat, les propres artisans de leurs retraites. Le lien de solidarité est, dit-on, plus visible dans le premier que dans le second.

Au point de vue économique, en effet, on ne saurait méconnaître la valeur de la solidarité de fait que le système de la répartition établit entre les industries similaires d'un même pays, ou entre les industries diverses d'une même région. Mais encore faut-il distinguer pour apprécier la valeur de cette solidarité entre le groupement professionnel et le groupement territorial. Si les industries solidaires sont clas-

sées par profession, le jour où l'une de ces industries tout
entière se trouve dans l'impossibilité de tenir ses engagements, avec un système de répartition, la solution ordinaire,
c'est que l'Etat est amené à y pourvoir. Dans le système du
groupement territorial, au contraire, la crise d'une des industries associées entraîne pour toutes les autres l'obligation
de faire face aux engagements communs. Ainsi, dans le système de la répartition, c'est aux industries prospères qu'in-
combe la charge provenant du fait des industries insolva-
bles. En un mot, dans le groupement territorial, la garantie
qui résulte de la solidarité établie entre les assujettis expose ces derniers, sous le régime de la répartition, à des
charges plus élevées que sous le système des primes. Or,
il y a là pour les industries prospères une considération qui
n'est pas négligeable.

Reste contre la capitalisation la grosse objection que l'on
tire de la difficulté de placer les sommes énormes provenant des versements des cotisations, et le péril économique
que constituerait l'accumulation nécessairement improduc-
tive de pareilles sommes. Mais, remarquons-le bien, c'est là
un argument qui ne vise pas la valeur théorique du système
de couverture. Le placement des capitaux, c'est une question d'application, de pratique financière. Sans doute, étant
donnée leur importance, les placements doivent être en-
tourés ici de précautions particulières. Mais en somme les
Compagnies d'assurance privées, les Caisses d'épargne, et
diverses autres institutions gèrent et font valoir des capitaux considérables, sans qu'il y ait là un péril économique.

Si donc l'on accepte le système des primes comme étant
théoriquement le meilleur, il faut en accepter la conséquence pratique, qui est la nécessité de gérer des capitaux
très élevés. Par suite, ce n'est pas à supprimer ou à réduire
toute accumulation excessive de capitaux qu'il faut tendre,
c'est à en organiser judicieusement l'emploi qu'il faut appliquer ses efforts.

Enfin, au point de vue social, aussi bien qu'aux points
de vue économique et financier, le système qui paraît préférable est celui dans lequel chaque génération acquitte les
dettes qui lui sont propres. C'est là un principe de justice
distributive qui jusqu'ici a été reconnu pour bon et que
l'Etat impose aux collectivités secondaires pour l'amortissement de leurs emprunts. Or, à ce point de vue, le système
des primes présente sur la répartition une supériorité incontestable. En égalisant les charges dans le temps, il pro-
portionne plus exactement le sacrifice à consentir par chaque génération. Enfin, ce système ne se contente pas de
ménager l'avenir, il le garantit, et il a assez de souplesse
pour pouvoir être perfectionné selon les enseignements
que l'on tirera de son propre fonctionnement. En un mot,
comme on l'a fait remarquer, on peut dire du système de
la répartition qu'il mange le blé en herbe, tandis que la
capitalisation attend l'époque de la moisson.

Enfin, au point de vue de l'Etat, c'est-à-dire au point de vue
des charges que l'un et l'autre système imposeraient à la collectivité, il n'est pas douteux que la répartition est pour l'E-
tat un système plus onéreux. Jamais en effet les cotisations,
dans un système d'assurance obligatoire, ne compenseront

exactement les rentes à payer. Ce sera toujours à l'Etat de solder la différence. Or, avec la répartition, cette différence va s'accroissant sans cesse pendant une quarantaine d'années. C'est un trou qui se creuse et en face duquel il n'y a rien, rien que le crédit de l'Etat. La répartition, c'est, selon l'expression énergique de M. Caillaux (1), « *le système de l'imprévoyance et de la surenchère* ». Avec la capitalisation au contraire, si la charge imposée au début à l'Etat est assez élevée, le temps amortit peu à peu cette surcharge initiale et finit par en faire une charge constante, très inférieure à celle qui résulterait à la même époque du système de la répartition.

Si, comme nous le pensons, le point de vue de l'intérêt de l'Etat, c'est-à-dire de la collectivité, doit être prépondérant dans une réforme qui engage à fond le crédit public, l'argument ci-dessus doit peser d'un grand poids dans la balance. Et malgré les inconvénients qui peuvent dériver de l'accumulation des capitaux, nos préférences théoriques vont au système qui ménage encore le mieux nos finances, et qui réduit en période normale, le rôle de l'Etat. à majorer d'une somme constante et fixée d'avance les pensions à servir.

Il nous reste justement à vérifier d'un peu plus près quel doit être ce rôle de l'Etat, et à justifier à son égard les conclusions qui découlent déjà de l'étude que nous avons faite de la détermination des cotisations individuelles.

(1) V. *Journ*. *off*., Chambre, séance du 18 juin 1901.

CHAPITRE III

Nous venons d'étudier les systèmes financiers qui aboutissent à la détermination des cotisations particulières, et nous avons constaté que l'Etat ne pouvait pas se désintéresser de l'adoption de l'un ou de l'autre des deux grands systèmes en présence, puisque finalement c'est sous sa garantie que fonctionne la caisse des retraites.

Mais il est bien certain, d'autre part, que les cotisations individuelles des patrons et des ouvriers ne suffiront jamais à constituer les ressources nécessaires à une assurance obligatoire. Quel que soit le système adopté, capitalisation ou répartition, l'Etat aura à intervenir, et cette intervention dans une œuvre sociale de cette importance se justifie parfaitement. Reste à savoir quelle sera la forme de cette participation financière de l'Etat aux dépenses de l'assurance et quel en sera le principe financier.

Remarquons en effet, que si nos conclusions nous ont porté à adopter pour la fixation des cotisations particulières le principe de la capitalisation, il ne s'ensuit pas que ce même principe soit aussi celui qui convienne pour la contribution de l'Etat. Le problème en ce qui concerne la participation de l'Etat est tout différent. Et, même étant admis que la capitalisation doit être le système financier de la caisse des retraites, la question reste entière de savoir si l'Etat, pour ce qui est de sa contribution particulière, doit intervenir sous une forme qui est celle de la répartition ou celle de la capitalisation.

Or, théoriquement, la participation de l'Etat aux charges d'une caisse de retraites, peut se concevoir sous quatre formes différentes :

1re Forme. — L'Etat peut intervenir en accordant à la caisse le bénéfice d'une bonification d'intérêts assurant aux capitaux de cette caisse un placement constant et rémunérateur. C'est le système que l'Etat français emploie actuellement à l'égard des sociétés de secours mutuels pour la bonification de ceux de leurs fonds affectés à la constitution de pensions de retraites.

2e Forme. — L'Etat peut intervenir au moment même du versement des cotisations particulières et ajouter quelque chose à la cotisation de l'ouvrier pour en augmenter la valeur. C'est la subvention en primes annuelles.

3e Forme. — Ou bien l'Etat peut attendre l'époque de l'échéance des rentes et à ce moment verser un certain capital, qui, en s'ajoutant au capital déjà constitué par les versements individuels, élèvera dans une certaine proportion le montant de la pension. C'est la subvention en capital des pensions.

4e Forme. — Enfin l'Etat peut simplement ajouter quelque chose aux arrérages payés chaque année, au moment du paiement desdits arrérages. Il se borne alors à majorer les pensions acquises d'une certaine somme fixée d'avance. C'est le système de la subvention en arrérages.

De ces quatre procédés, remarquons tout de suite que le premier, celui de la bonification d'intérêts, ne saurait s'appliquer à une assurance d'Etat obligatoire. C'est en effet essentiellement le procédé qui convient à un système d'assurance libre simplement encouragée par l'Etat. Il suppose que les versements des intéressés sont suffisants pour constituer les capitaux représentatifs des pensions, et l'Etat se borne alors à assurer à ces capitaux un placement rémunérateur.

C'est là un mode de subvention indirect, qui n'a pas le mérite de rendre tangibles les sacrifices de l'Etat et dont l'efficacité serait insuffisante dans un système d'assurance obligatoire. Ce ne serait pas d'ailleurs le procédé le moins onéreux.

M. Guieysse, dans son rapport de 1904 (1), a fait calculer la charge qui correspondrait à une bonification à 4 1/2 0/0 des fonds des retraites ouvrières, dans l'hypothèse où l'intégralité des pensions serait constituée par les soins des sociétés de secours mutuels, avec le bénéfice de l'article 28 de la loi du 1er avril 1898.

Si l'on suppose que le taux du placement réel soit de 3 0/0, la charge qui résulterait pour l'Etat, dans un système d'assurance obligatoire, de la garantie d'intérêt à 4 1/2 0/0

_____

(1) V. P. Gueysse, *op. cit.*, p. 141.

s'élevait à 360 millions environ en régime permanent, pour des pensions moyennes de :

742 francs pour les hommes } dans l'industrie et le
720 francs pour les femmes }   commerce ;

et de 319 francs pour les hommes } dans l'agriculture ;
   343 francs pour les femmes }

et pour des rentes d'invalidité de 230 francs en moyenne dans l'industrie et de 75 francs en moyenne dans l'agriculture.

On voit ainsi, que dans un système d'assurance obligatoire, ce procédé n'aurait pas l'avantage du bon marché. Inutile d'ajouter que si le taux réel des placements venait à descendre au-dessous de 3 0/0, la charge de l'Etat s'en trouverait accrue. Finalement le système de la bonification d'intérêts est pour l'Etat un système onéreux et qui pour l'avenir ne présente aucune garantie. Il est en outre peu efficace et peu approprié au but qu'on se propose. C'est plus qu'il n'en faut pour l'écarter définitivement.

Restent les trois autres systèmes, dont les deux premiers, subvention en primes annuelles et subvention en capitaux, sont des systèmes de capitalisation, et le dernier, subvention en arrérages, un système de répartition

Le premier système de subvention en primes annuelles a l'avantage de montrer à l'ouvrier le sacrifice consenti par la Société au moment même où s'effectue son propre sacrifice. Mais il augmente singulièrement la complication de la comptabilité et la difficulté du placement des capitaux.

Le dernier, celui de la majoration des pensions en arrérages est au contraire d'une grande simplicité. On lui reproche, il est vrai, d'aboutir à une certaine injustice, si l'on
se borne à majorer d'une somme fixe toutes les pensions
indistinctement, quel qu'ait été le nombre des versements
faits par les bénéficiaires. Mais il est assez facile de remédier à cet inconvénient en graduant dans une certaine mesure la somme à ajouter à la pension liquidée.

En ce qui concerne les charges, les deux premiers systèmes, qui sont deux systèmes de capitalisation, donnent une
charge annuelle constante à partir de l'année où les premiers assurés entrent en jouissance de leurs pensions. Pour
les années antérieures, la charge est graduellement croissante dans le premier mode à mesure que le nombre des
assurés s'accroît ; elle est nulle au contraire dans le second
pendant la même période, mais la valeur annuelle constante étant une valeur en capitaux, est dans le deuxième
mode plus élevée que dans le premier. Par suite le système de la subvention en capitaux est le plus onéreux, en
période normale.

Restent en présence les deux seuls systèmes pratiques,
le système de la subvention en primes annuelles et celui de
la subvention en arrérages. Dans l'un comme dans l'autre,
il y a une progression initiale des charges et cette progression est théoriquement plus forte pour la répartition que
pour la capitalisation. Mais ici, il ne faut pas oublier que si
l'on adopte pour le système général de la caisse des retraites un procédé de capitalisation, il y a toute une période

transitoire au cours de laquelle l'Etat est amené à accorder des pensions à des travailleurs qui n'ont pas fait de versements du tout ou qui ont fait des versements insuffisants. Par suite, il ne saurait être question ici pour l'Etat d'un système de capitalisation quelconque. On ne saurait vouloir constituer d'un seul coup les capitaux nécessaires à la garantie des rentes de la période transitoire. Ce serait trop demander à l'Etat. Il faudrait emprunter et finalement ce système coûterait plus cher que la répartition pure et simple.

On est ainsi amené, lorsque dans une assurance d'Etat on veut entrer en roulement immédiat, à adopter, pour la contribution de l'Etat dans la période transitoire, le système de la répartition. Et on conçoit mal que, en même temps, l'Etat superpose à ce système celui de la subvention sous forme de primes annuelles, pour tous ceux des assurés qui effectueront des versements. La juxtaposition des deux systèmes serait encore plus onéreuse que la répartition pure et simple.

Aussi est-ce le système de la subvention en arrérages, que nous voyons en fait adopté pour la participation financière de l'Etat. M. Guieysse, pour justifier la part de répartition que contient son système, dit que c'est « le remboursement d'une dette contractée par les générations antérieures ; c'est un impôt d'assistance sur le salaire et le profit de l'employeur ». Toute répartition est en effet cela. Mais on se trouve en face d'une nécessité de fait, faire face aux charges de la période transitoire, qui emporte le reste.

Aussi, si théoriquement le système de la subvention en primes annuelles peut paraître préférable, s'il a une valeur d'encouragement particulière, pratiquement et pour ainsi dire nécessairement, c'est le système de la répartition qui s'impose comme la forme de la participation financière de l'Etat aux charges d'une assurance immédiatement applicable à l'ensemble de la population. C'est l'opinion qu'exprime à ce sujet M. Léon Marie, pourtant partisan de la capitalisation comme système général de la caisse, dans son rapport de l'Exposition de 1900.

Le système de la répartition est d'ailleurs moins dangereux pour l'Etat que pour une caisse particulière, ou même que pour la caisse générale fonctionnant sous la garantie de l'Etat. L'Etat en effet, possède une réserve à toutes fins qui est constituée par les ressources générales du budget. Il peut pour l'avenir restreindre dans une certaine mesure le montant de ses engagements, il peut fixer une limite à sa contribution. Pour toutes ces raisons, le système le plus pratique consiste, pour l'Etat, à majorer les pensions acquises, à titre de suppléments d'arrérages, de sommes déterminées par avance. Et c'est un système de répartition limité dans ses conséquences.

CHAPITRE IV

LES FAITS.

L'étude théorique des systèmes financiers susceptibles d'être adoptés par une caisse de retraites obligatoires, nous a permis de dégager certaines conclusions favorables à un système général de capitalisation, complété par des majorations de l'Etat. Mais ces conclusions fondées sur le raisonnement, n'auraient qu'une valeur démonstrative relative, si elles ne s'appuyaient en même temps sur des faits et sur des expériences. Dans une réforme de cette importance, l'observation des faits doit être le guide le plus sûr, si l'on veut faire œuvre pratique et viable. Malheureusement, à l'heure actuelle, les expériences d'application de systèmes d'assurance obligatoire sont assez rares. Il n'y a guère à citer que l'expérience allemande. Il est vrai que par son ampleur et les résultats acquis, elle a pour nous une importance exceptionnelle elle est la source la plus précieuse d'enseignements à laquelle nous puisions puiser.

A côté d'ailleurs des expériences pratiques vraiment entrées dans le domaine des faits, il y a une autre forme d'expériences qui n'est point négligeable, ce sont les projets et propositions de lois dans lesquels les législateurs de différents pays ont essayé de donner la formule pratique de leurs

conceptions. Les propositions et projets français notamment
sont assez nombreux et développés pour nous être d'un en-
seignement fort utile. Enfin il y a les enquêtes faites auprès des intéressés eux-mêmes dont nous aurons à apprécier les résultats.

A la lumière de ces faits et de ces tentatives, nous allons
essayer de vérifier le bien-fondé de nos propres conclusions
et d'asseoir notre conviction sur les leçons mêmes qui se
dégagent de l'exemple fourni par nos voisins. Nous commencerons donc par l'expérience allemande.

§ 1. — L'expérience allemande.

La législation allemande de 1889 (1) est principalement
une législation d'assurance contre l'invalidité et accessoire-
ment d'assurance contre la vieillesse. Les ressources en sont
fournies par les ouvriers, par les patrons et par l'Etat.
Mais la contribution de l'Etat est fixée pour toutes les pensions indistinctement à un chiffre forfaitaire de 50 marcs,
s'ajoutant au montant de la pension liquidée, au jour de
l'échéance. Et pour sa part, le système financier adopté par
l'Empire, est celui de la répartition pure et simple, adoption
qui n'a soulevé aucune objection.

Pour ce qui est de la détermination des cotisations ouvrières et patronales au contraire, la question capitale du
système à adopter se posait, et les variations subies sur ce

(1) Loi du 22 juin 1889.

point par la législation allemande nous offrent l'exemple
d'une curieuse évolution qui a toute la valeur d'une dé-
monstration par les faits.

Pendant les premières années d'application de la loi de
1889, en effet, la discussion n'a pas cessé autour de la question capitalisation ou répartition. La question se compliquait
d'ailleurs du fait des dispositions transitoires votées en faveur des ouvriers déjà invalides ou âgés. Il se trouvait en
effet que les sacrifices consentis par l'Empire, pour la majoration des pensions, n'étaient pas suffisants pour assurer le
paiement des rentes à servir durant la période transitoire.
Il fallait donc trouver un système financier, qui non seulement permît de garantir les créances des assurés qui n'en-
treraient en jouissance qu'aux terme et conditions fixés par
la loi, mais qui, au moyen des ressources ordinaires de l'assurance, permît encore de servir des pensions suffisantes à
tous les invalides et vieillards existant au début de l'application de la loi.

En présence de ces difficultés relatives à la période transitoire, les grands industriels allemands soutenaient avec
énergie la cause de la répartition. Ils invoquaient dans ce
sens le précédent de l'assurance-accidents dont les cotisations étaient fixées par voie de répartition. La grande industrie reconnaissait que, dans le système de la répartition,
les cotisations augmentant finissaient par dépasser sensiblement le montant des primes exigées par la capitalisation ;
mais elle alléguait que le présent ne pouvait supporter
brusquement la pleine charge des primes. M. Hilbeck, un

grand industriel de l'Ouest, disait d'ailleurs que « ce n'est pas le capital mort, mais bien la vitalité de l'industrie qui constitue la meilleure garantie pour l'avenir des assurés ». Enfin on invoquait l'intérêt de l'Etat, qui était de ne pas accumuler trop rapidement d'énormes capitaux, et qui courrait ainsi le risque de porter atteinte à son crédit. Chose curieuse, les socialistes, pour lesquels le système de la répartition est celui qui répond le mieux à leurs doctrines, en furent de moins chauds partisans que les grands industriels.

Cependant, le gouvernement allemand, peu sensible à ces arguments, se montrait nettement hostile à la répartition. Il invoquait à son tour l'exemple fourni par l'assurance - accidents, où la cotisation individuelle ne cessait d'augmenter. Et il faisait remarquer avec juste raison, qu'il était matériellement impossible d'exiger des ouvriers, dans l'assurance-invalidité, des cotisations croissantes. D'ailleurs le caractère de l'assurance-invalidité était d'être une assurance individuelle, et la solidarité qui existe entre toutes les industries au point de vue de l'assurance-accidents, n'existait plus ici.

Pour ces diverses raisons, les unes théoriques, les autres pratiques, le projet d'assurance, présenté par le gouvernement allemand en 1888, écartait le système de la répartition et voulait fonder l'assurance-invalidité sur le système des primes fixes, destinées à constituer les capitaux représentatifs des rentes à servir.

La Commission du Reichstag abonda dans le même sens et posa le principe de la capitalisation, mais avec certaines

modalités qui font de ce projet primitif allemand un système assez intéressant.

La rigueur du système de la capitalisation, en effet, conduit à différer pendant de longues années le service des
premières pensions. D'où la nécessité de dispositions transitoires. Si donc l'on sert des pensions dès le début du
fonctionnement de l'assurance, on peut considérer que la
caisse est en déficit. Or, pour combler ce déficit, le projet
allemand le faisait couvrir par les versements de *toutes* les
années à venir, c'est-à-dire par une annuité perpétuelle,
c'est-à-dire qu'il ne le couvrait pas du tout. Il constatait le
déficit et en payait l'intérêt perpétuel, ce qui est le caractère même du système de la répartition. Ajoutons cependant qu'il y avait une certaine atténuation du montant des
premières pensions, et par suite une certaine atténuation
du déficit initial. Il n'en restait pas moins que ce système,
fondé en principe sur la capitalisation, contenait au début
et pour les nécessités de la période transitoire, un germe de
répartition.

De ceci une conclusion paraît se dégager évidente. C'est
que seul un système de répartition peut pratiquement faire
face aux exigences de la période transitoire. Cela est si vrai
qu'en Allemagne, où les subventions de l'Empire ne suffisent pas à couvrir les frais de cette période, c'est néanmoins un système de répartition qui fut proposé au début
par le gouvernement allemand, alors même que le système
de la capitalisation était considéré comme le seul capable
d'assurer le service des rentes pendant la période normale.

Quoi qu'il en soit, le Reichstag recula devant l'accumu-lation de capitaux que lui faisait entrevoir le projet du gou-vernement, et il se prononça pour un système mixte des plus curieux, qui a reçu le nom de *capitalisation par périodes*. Ce système consiste à prévoir les charges de l'assurance pour une certaine période (10 ans dans la loi allemande), et à fixer les cotisations de telle sorte qu'elles soient suffisan-tes à satisfaire aux charges de l'assurance au cours de cette première période.

C'est encore un système de capitalisation, mais la carac-téristique de ce système, c'est de constituer une partie seu-lement des réserves afférentes aux contrats en cours, à sa-voir les réserves des rentes échues, à l'exclusion des réser-ves des rentes à échoir. En faveur de ces dernières, une ré-serve devrait être formée qui ne l'a pas été ; il y a donc un déficit à combler. On le comblera par un procédé de répar-tition. Mais pour équilibrer les charges des diverses années de la même période, on répartira le déficit par période et non par année. On s'efforcera donc, au début de chaque pé-riode, de prévoir ce déficit, on le répartira sur les 10 années de la période, et on fixera la cotisation en conséquence. Avec ce système la cotisation sera fixe au sein d'une même période, mais il est facile de prévoir qu'elle augmentera d'un ou de plusieurs degrés, lors du passage à une nouvelle période. Ainsi ce système, intermédiaire entre la capitalisa-tion et la répartition pures, devrait avoir pour effet une élé-vation croissante des cotisations jusqu'à la période d'équili-bre. Seulement cette élévation, au lieu de se produire chaque année, se produit par paliers de 10 en 10 années.

La différence de la capitalisation par périodes avec le système des primes pur apparaît d'ailleurs nettement si l'on se place dans l'hypothèse d'une dissolution de l'institution d'assurance. En pareil cas, en effet, avec le système de la loi allemande de 1889, il doit rester en caisse le capital des rentes déjà liquidées et encore payables. Les pensionnés sont donc garantis, mais les assurés actifs, eux, n'ont plus droit à rien. Les sommes par eux versées sont perdues à jamais et sans compensation. Dans le système des primes fixes, au contraire, il doit rester en caisse assez d'argent pour continuer le service des pensions jusqu'à leur extinction, et en outre pour rembourser aux simples assurés, le capital des cotisations par eux versées ; ou encore, si les assurés veulent continuer à payer leurs primes, ils doivent pouvoir être pris en charge aux mêmes conditions que précédemment par un autre assureur.

Quoi qu'il en soit, le système adopté par la législation allemande de 1889, fut celui de la capitalisation par périodes. Seulement, comme on voulait opérer avec prudence et que, faute de statistiques on ne savait trop où on allait, on suréleva un peu les chiffres fournis par les calculs, et on majora les cotisations de la première période. Puis on fit une seconde majoration ayant pour but la constitution d'un fonds de réserve spécial qui devait représenter à la fin de la première période 1/5 de la valeur des rentes de cette période.

Aux approches de l'expiration de la première période de 10 ans, des inquiétudes nouvelles se firent jour. Le monde

industriel et ouvrier redoutait une augmentation des charges. On proposa de nouveau le retour à la répartition pure
et simple. Or c'est le retour au système des primes pur que
consacra la loi de révision du 13 juillet 1899.

L'exposé des motifs de cette loi explique en effet que les
cotisations établies pour la première période, dans le système de la capitalisation par périodes, se sont trouvées, en
fait, équivalentes aux cotisations constantes pour toutes les
périodes, qu'aurait exigées l'application du système des
primes fixes.

En effet, au 1er janvier 1900, les capitaux accumulés
dans les caisses d'assurance s'élevaient à 746 millions de
marcs, tandis que les capitaux représentatifs des rentes en
cours n'étaient que de 300 millions de marcs, soit une différence en plus de 450 millions de marcs. Ce résultat venait
de ce que les cotisations avaient été fixées à un chiffre
élevé, et qu'on avait prévu en outre la constitution d'un
fonds de réserve spécial.

Aussi le gouvernement put-il affirmer en 1899, que les
cotisations établies en 1889 étaient suffisantes pour assurer
le fonctionnement de l'assurance à perpétuité.

En fait, sans le vouloir, ces cotisations avaient été calcu-
lées de telle sorte que la législation allemande se trouvait
reposer sur le système des primes fixes et invariables. Et
c'est après avoir constaté, au cours d'une période de 10 ans,
les bénéfices et les avantages de ce système que le législateur de 1899 le consacra définitivement.

On voit ainsi que, par une évolution curieuse, après bien

des propositions faites en faveur de la répartition, après avoir cherché à s'accommoder d'un système mixte, l'assurance allemande en est venue, presque malgré elle, mais par la logique même des choses, au système type de la capitalisation, au seul qui sauvegarde les droits de tous les pensionnés et assurés et qui garantisse l'avenir, en un mot au système des primes fixes.

Depuis 1899, l'assurance allemande a parcouru une nouvelle et féconde étape de son développement, et il n'a pas paru, au cours de cette dernière période, que le système des primes doive être abandonné. Au contraire, à mesure que l'on approche de l'époque du roulement continu, c'est pour la collectivité le système le moins onéreux. Tout au plus a-t-on été amené à prévoir pour l'avenir une légère augmentation de la cotisation initiale. Cela tient uniquement d'ailleurs à l'extension tous les jours grandissante de l'assurance, et aux nouveaux sacrifices qu'elle ne cesse de s'imposer.

Mais cela ne fait que prouver la souplesse parfaite du système de la capitalisation qui, aussi bien que l'autre, peut s'adapter à des nécessités nouvelles et se modifier dans son application, au fur et à mesure que l'assurance elle-même s'étend et se diversifie.

§ 2. — Les projets français.

En France, les propositions et les projets de loi relatifs à l'organisation des retraites ouvrières sont déjà anciens et nombreux (1). Depuis la proposition Martin-Nadaud en 1879, chaque législature compte un nombre croissant de propositions et de projets sur la matière.

Mais le propre de ces propositions primitives, c'est d'être plutôt des déclarations de principe ou l'expression de simples desiderata, que des projets véritablement étudiés. Tout une catégorie d'entre elles s'en rapporte, en matière financière, aux « *ressources générales du budget* » et vise plutôt une œuvre d'assistance qu'une œuvre de prévoyance. Logiques avec elles-mêmes, la plupart de ces propositions d'initiative parlementaire, tout en posant le principe de l'assurance obligatoire, s'abstiennent d'exiger des cotisations des ouvriers, et trouvent leurs ressources dans la création d'un impôt général de solidarité.

Dans ce sens, les principales de ces propositions à citer sont celles de MM. Zévaès (Escuyer), Gervais, Dubuisson, Mirman et François Fournier. Nous en avons critiqué le principe à propos de notre étude de la répartition Nous n'y reviendrons pas.

Si l'on prend au contraire les divers projets présentés par le gouvernement et les rapports faits depuis la même époque par les divers rapporteurs de la Commission d'assurance et de prévoyance sociales, on constate que tous sans

---

(1) Il est curieux de noter que la première idée de caisses de retraites pour la vieillesse, basées sur le calcul des probabilités et sur le jeu des intérêts composés, et gérées par l'Etat, se trouve chez Condorcet, dans son *Esquisse d'un tableau historique des progrès de l'esprit humain*, édition de 1822, p. 271.

exception se sont rangés du côté des systèmes de capitalisation.

Le projet du gouvernement le plus ancien est celui de MM. Constans et Rouvier, qui date de 1891. C'était, il est vrai, un projet restreint d'assurance facultative, mais basé sur la capitalisation des versements. Ce projet fut repris en 1893 à titre individuel par M. P. Guieysse et donna lieu à un rapport de M. Audiffred au nom de la Commission d'assurance et de prévoyance sociales de la Chambre, qui prévoyait l'institution d'une Caisse nationale des retraites ouvrières et la capitalisation des fonds provenant des cotisations particulières. Dans la même législature prend place le projet de M. Ricard, projet d'assurance facultative, mais basé encore sur la capitalisation.

A cette même époque, en 1895, il faut faire une place spéciale pour le projet présenté par M. Lebon, au nom du gouvernement, devant le Sénat. Ce projet est le premier projet gouvernemental d'assurance obligatoire ; c'est un projet très scientifique, nettement fondé sur la capitalisation, et qui, par certains côtés, ressemble au système primitif allemand. Son caractère est d'être surtout un projet d'assurance contre l'invalidité, et d'ajourner à trente ans de cotisations la jouissance des premières retraites de vieillesse. M. Lebon supprimait ainsi toutes les difficultés venant de la période transitoire, et simplifiait le problème. Quant aux pensions d'invalidité, elles n'étaient également servies qu'après cinq années de cotisation.

Voici quel était le mécanisme financier. Partant de l'hy-

pothèse de la répartition, on avait calculé l'annuité croissante, puis constante, que forme l'ensemble des cotisations,
puis on avait calculé l'annuité constante équivalente, et le
montant de cette annuité déterminait la cotisation annuelle
définitive et invariable. Les premières années étaient ainsi
chargées d'un appoint de prime au profit d'une suite indé-
finie d'années plus chargées et cet appoint capitalisé cons-
tituait la réserve permanente.

Il y avait là, en somme, un projet intéressant, intermédiaire entre la capitalisation et la répartition. La cotisation
y était moins élevée, les réserves moins importantes que
dans les systèmes de couverture complète. Ce n'était donc
pas un système de capitalisation pure. D'après les calculs
de M. Weber, actuaire du Ministère du Commerce, on obte-
nait les rapports suivants :

Cotisations :

dans le système de la répartition . . .   9

    —   de M. Lebon   13

    —   de couverture complète   22

Réserves :

dans le système de la répartition . . .   0 milliard

    —   de la capitalisation par

            périodes   5   —   300

    —   de M. Lebon . , . .   9   —   1/2

    —   de couverture complète   12   —   1/2

Enfin ce système avait l'inconvénient pratique considérable d'ajourner à trente ans le bénéfice de la réforme.

En 1898, M. Maruéjouls présenta au nom du gouvernement, comme ministre du commerce, un nouveau projet

basé sur l'obligation et la capitalisation. A partir de cette
époque, les travaux de M. Guieysse et de M. Millerand,
ceux de la Commission d'assurance et de prévoyance sociales, prirent une grande impulsion. M. Guieysse, qui en 1893
avait déjà rapporté une proposition de loi, fut chargé en
1900 par la Commission de la Chambre, d'un rapport qui est
le premier des grands rapports qu'il a publiés sur la question et où apparaît toute sa science d'actuaire et de techni-
cien.

Dès le rapport de 1900, le projet de la Commission, fait
sien par le gouvernement, donne l'exemple d'une capitalisation aussi absolue que possible et d'un système d'une très
belle ordonnance scientifique.

Ce système se caractérise, au point de vue financier, par
l'accumulation de capitaux considérables demandés aux
cotisations des patrons et des ouvriers, et par une contribution élevée, fournie par l'Etat, pour combler le déficit des
premières années de fonctionnement. L'Etat prend ainsi à
sa charge toutes les dépenses de la période transitoire, et
continue de majorer les pensions à l'époque du plein fonctionnement. De ce chef, ses charges sont successivement de
74 millions, puis de 90 millions au maximum, pour tendre
ensuite vers une dépense constante de 10 millions. Dans
tout ceci l'Etat marche en répartition. Les versements patronaux et ouvriers au contraire sont capitalisés et forment
les réserves mathématiques des engagements en cours, réserves qui en période normale s'élèveront jusqu'à 12 à 14
milliards environ.

Le seul énoncé de ces chiffres montre que la capitalisation tient la première place dans ce projet. M. Guieysse prévoit d'ailleurs que son système aura à s'adapter aux circonstances pratiques, et il envisage la nécessité de modifications ultérieures à introduire dans les tarifs, suivant les variations du taux de l'intérêt et les données de la statistique rectifiées par l'expérience même de la loi.

L'idée directrice du rapport de 1900 est, en somme, celle-ci : « Toute retraite doit, à tout moment, être garantie par un capital existant dans la caisse des retraites. » C'est, on le voit, le principe même du système de couverture complète. Cette idée inspirera tous les rapports ultérieurs de M. Guieysse. C'est ce principe aussi qu'à partir de ce moment adoptera le gouvernement, et tous les ministres des finances qui s'occuperont de la question, en particulier, M. Caillaux, en 1901 et en 1906, affirmeront que, au nom des grands intérêts dont ils ont la garde, intérêt des finances publiques et sauvegarde du crédit public, ils ne peuvent admettre d'autre système financier que celui de la capitalisation.

Les nombreux rapports supplémentaires de M. Guieysse et son nouveau grand rapport de 1904 ne seront que le développement des idées émises en 1900, modifiées seulement dans leur application pratique.

Entre temps, en juin 1901, la Chambre avait consacré 16 séances à la discussion générale sur le projet de la Commission de 1900. Mais elle s'était séparée, après avoir voté seulement l'article 1er et décidé qu'une enquête serait faite auprès des intéressés sur les principaux points de discussion, soulevés par la réforme. Nous analyserons plus loin les résultats de cette enquête.

En 1904, MM. Millerand et Guieysse présentaient une nouvelle proposition de loi qui, très améliorée, fut prise en considération et adoptée par la Commission de la Chambre. M. Guieysse fut nommé rapporteur du projet, au nom de ladite Commission, et c'est cette proposition qui servit de base aux discussions ultérieures. La Commission, après un examen approfondi, se rallia encore une fois au principe de la capitalisation, en faveur duquel le ministre des finances se prononça de son côté très nettement. Voici l'économie générale du projet sorti de ces délibérations.

Tout ouvrier ou employé de nationalité française a droit, sous certaines conditions, à une rente de vieillesse à partir de l'âge de 60 ans, et le cas échéant, à une retraite anticipée d'invalidité. Le service des rentes et pensions est assuré par une Caisse nationale des retraites ouvrières fonctionnant sous la garantie de l'Etat.

Les ressources sont constituées par des prélèvements obligatoires et proportionnels effectués sur les salaires, exigés pour parties égales des employeurs et des employés. Les sommes provenant de ces versements sont placées à intérêt, et la pension de retraite produite par cette capitalisation est liquidée à l'âge de 60 ans.

Cette pension est alors l'objet, de la part de l'Etat, d'une majoration fixe de 120 francs, pourvu que des versements aient été effectués au compte de l'intéressé pendant 30 ans

au moins. La majoration de l'Etat sera d'ailleurs augmen-
tée, si cela est nécessaire, pour porter la retraite minima
à 360 francs par an. Inversement, la majoration de l'Etat
ne s'appliquera que dans la mesure nécessaire pour porter
à 360 francs la retraite produite par les simples versements
patronaux et ouvriers.

En outre, en cas d'invalidité permanente survenant avant
l'âge de 60 ans, les ouvriers et employés ont droit à la liquidation anticipée de leur retraite, pourvu qu'ils justifient
d'au moins deux années consécutives de retenues sur leurs
salaires. La rente d'invalidité est également majorée par
l'Etat jusqu'à concurrence d'une somme de 200 francs, sans
que la majoration puisse être supérieure à 100 francs, ni
inférieure à 50 francs.

En ce qui concerne les salariés de l'agriculture, le projet
substitue à la retenue proportionnelle aux salaires, une retenue fixe de 5 centimes par jour de travail, dont la moitié
est à fournir par l'entrepreneur lui-même et l'autre à prélever sur le salaire avant paiement. En revanche les mimina
des pensions de vieillesse et d'invalidité sont abaissés respectivement à 240 et 150 francs, et la majoration de l'État
dans les mêmes cas est ramené à 100 francs en principe
pour les retraites de vieillesse et à 75 francs pour les rentes
d'invalidité.

Voilà pour le régime normal. Mais le projet prévoit en
outre des dispositions transitoires assez étendues, motivant
tout un ensemble de mesures financières particulières. Ici,
il faut laisser la parole à M. Guieysse qui, mieux que per-

sonne, expose avec lucidité,à la fois la nécessité de ces dispositions transitoires, et les charges extraordinaires qu'elles font peser sur les débuts du fonctionnement de l'assurance.

« Avec le système de la capitalisation, dit M. Guieysse, et même jusqu'à un certain point avec celui de la répartition, des dispositions transitoires sont nécessaires jusqu'au plein fonctionnement de la loi, car il y aura toujours lieu d'établir une différence entre les travailleurs qui auront supporté les versements intégraux obligatoires et ceux qui, en raison de leur âge, n'en auront effectué qu'une partie.

« Tout ce qui précède ne s'applique qu'au régime régulier et permanent de la loi, qui ne commencera à se produire que 30 ans après la mise en application, sauf pour les pensions d'invalidité accordables au bout de deux ans et les allocations en cas de décès qui ont leur effet immédiat. Il est évident qu'une telle loi, si ses effets ne se produisaient que dans un avenir aussi éloigné, répondrait fort peu à ce qu'en attendent les travailleurs pour qui elle est faite. Il est donc indispensable que, par des dispositions transitoires, on assure des avantages sérieux aux travailleurs qui se sont trouvés dans l'impossibilité de remplir les conditions exigées pour bénéficier de la loi, soit en raison de leur âge, soit en raison de l'insuffisance de leurs versements.

« Les employeurs considérés comme une collectivité payent aujourd'hui la dette générale du travail, du commerce, de l'industrie envers tous les travailleurs actifs ; mais cette dette est due depuis longtemps ; elle est en fait reconnue par la loi.et dès lors la société ne peut se dérober aux obligations qui en résultent. Seulement, comme il est impossible de délimiter la part exacte de chacun, c'est la société tout entière, c'est l'Etat qui doit s'acquitter de ce règlement, en le fixant d'après cette seule considération, c'est qu'il ne soit pas trop lourd à supporter. En conséquence les dispositions transitoires suivantes vont régler le montant des pensions de retraite, ou mieux des allocations viagères aux travailleurs qui ne rentrent pas dans le cadre régulier de la loi. Il n'y a pas à craindre de contradiction, malgré l'apparence première, entre le caractère des pensions de retraite, fruit de la prévoyance, et celui des allocations, sacrifice volontaire de la société, car il n'a pas dépendu des travailleurs, qu'ils ne fussent plus tôt mis à même de faire les versements exigés, et ces allocations ne sont qu'une partie du remboursement d'une dette contractée par les générations antérieures » (1).

Voici maintenant quelles sont ces dispositions :

1° Les ouvriers et employés visés par la loi, et ayant 65 ans au moins à l'époque de la mise en vigueur, recevront une allocation viagère annuelle qui, de 50 francs la première année, croîtra ensuite de 4 francs en 4 francs par année jusqu'à ce qu'elle atteigne le chiffre de 120 francs pour les ouvriers et employés du commerce et de l'industrie et de 100 francs pour ceux de l'agriculture. Il faudra en outre justifier de 30 années de travail rétribué (V. art. 45 du projet de loi).

(1) V. P. Guieysse, *op. cit.*, p. 68 et 69.

« Pour la fixation de ces allocations, dit à ce propos M. Guieysse, la commission a été limitée par des considérations purement financières ; ce n'est qu'après bien des hésitations qu'elle a adopté le chiffre de 50 francs pour la première année, ne voulant pas arrêter le premier fonctionnement de la loi à son début. Cette allocation minime représente pourtant une dépense qui peut être évaluée à 60 millions dès la première année. »

2° Article 46 du projet : « L'âge de jouissance de l'allocation prévue à l'article précédent sera successivement abaissé jusqu'à 61 ans, dans les conditions suivantes, pour les ouvriers et employés âgés au moment de la promulgation de la loi, savoir :

De 47 à 54 ans à . . . . 64 ans

De 41 à 46   »   . . . . 63 »

De 36 à 40   »   . . . , ... 62 »

De 31 à 35   »   . . . . 61 »

« Ce sont également des considérations financières, ajoute le commentateur, qui ont forcé la commission à partir de 65 ans pour accorder les premières allocations. En adoptant dès le début l'âge de 60 ans, le budget aurait eu à supporter dès le début une charge initiale de plus de 100 millions, ce qui n'a pas paru possible dans l'état actuel de nos finances. »

Les charges qui, du chef de ces dispositions, pourtant assez modérées, incomberont à l'Etat, peuvent être évaluées à 60 millions dès la première année. Puis les charges qui résulteront des diverses allocations servies par l'Etat s'élèveront vraisemblablement à 230 millions au bout de 30 ans,

pour décroître ensuite jusqu'à la période du régime constant, où elles se fixeront aux environs de 90 millions par an.

Tel que, ce projet de 1904 est à la fois plein de hardiesse
et de prudence. Sans doute il aboutit à des chiffres considérables, mais tout y est gagé, tout y est prévu. L'aléa de
l'opération est réduit à ce qu'il n'est pas possible d'éviter
dans une réforme de ce genre.

Ce projet parfaitement loyal et équilibré est cependant
venu en discussion devant la Chambre, pendant les deux
premiers mois de l'année 1906, à une époque où dominaient
les préoccupations inhérentes à toute fin de législature.
Aussi a-t-il été déformé et enflé démesurément au cours de
la discussion. Le bénéfice de la loi a été étendu à des catégories nouvelles de population, aux domestiques attachés à
la personne notamment. Un champ plus vaste a été ouvert
à l'assurance facultative (admission des métayers, bordiers,
colons partiaires). L'âge de l'entrée en jouissance pour les
bénéficiaires immédiats a été abaissé à 60 ans, en même
temps que le taux des allocations de la période transitoire
était relevé à 120 francs dès la première année. On mit
encore les travailleurs de l'agriculture sur pied d'égalité
avec ceux du commerce et de l'industrie, en ce qui concerne
les minima de rentes ou pensions de vieillesse et d'invalidité. On supprima enfin tout prélèvement obligatoire sur
les salaires inférieurs à 1 fr. 50 par jour.

L'ensemble de ces modifications porta les charges de
l'Etat aux sommes suivantes, comparées avec les précé-
dentes :

Etat initial   : 248 millions environ, au lieu de 60.

— maximum : 362   —   —   230.

— constant : 157 1/2 —   90.

A ces dépenses, devront faire face les ressources générales du budget.

Pour ce qui est des versements des patrons et des ouvriers, la capitalisation reste leur mode d'emploi, mais par suite de l'extension donnée à la réforme, on arrive à des approximations de 20 milliards de capitaux accumulés en régime permanent. Or les 12 ou 14 milliards du projet de la Commission constituaient déjà un joli denier, que l'on pouvait regarder avec quelque raison comme le maximum pratiquement réalisable. Aussi est-il certain qu'une accumulation de 20 milliards provoque le vertige chez tous les financiers, et est bien faite pour justifier toutes les critiques que l'on adresse sur ce point au système de la capitalisation.

Mais il faut précisément se garder de juger ce système d'après les exagérations auxquelles aboutit le texte voté inconsidérément par la Chambre en février 1906. Réduite aux proportions plus modestes, mais parfaitement étudiées du projet de 1904, la capitalisation reste le seul système vraiment scientifique, le seul contrôlable et perfectible en toutes ses parties. Et il faut retenir de tout ceci, que jamais la Chambre française, même aux jours de ses prodigalités financières, n'a tablé sur un autre système que la capitalisation. La répartition n'a jamais été prise en considération par elle, elle n'a jamais été adoptée par un projet de gouvernement, les divers ministres des finances se sont prononcés formellement contre elle.

La capitalisation sous sa forme pratique du système des primes fixes reste donc en France, comme en Allemagne, le seul système possible. Mais il ne faut pas que, par des exagérations, on en compromette l'application. Il faut, par une législation mesurée, arriver à en faire valoir tous les avantages ; le fonctionnement de la loi fera le reste et en fera pénétrer la nécessité dans les esprits les plus prévenus.

§ 3. — L'enquête de 1901.

Il est curieux en effet de voir que le sentiment des intéressés est généralement contraire à l'opinion des hommes de science et des techniciens. Voici, en effet, quels sont, dans leurs lignes générales, les résultats de l'enquête ordonnée par la Chambre en 1901, sous l'inspiration de M. de Gailhard-Bancel, auprès des Chambres de commerce et de diverses associations patronales et ouvrières. Ces résultats sont ceux relatifs à la question capitalisation ou répartition.

Il n'a été relevé que 269 avis sur le système de la capitalisation adopté par le projet (1.959 réponses au contraire avaient été fournies sur l'ensemble). Sur ces 269 avis, 66 sont favorables et 203 défavorables au système adopté, c'est-à-dire *ipso facto* favorables au principe de la répartition. Ces avis se répartissent ainsi :

ASSOCIATIONS CONSULTÉES	PRÉFÉRENCE INDIQUÉE POUR LE SYSTÈME DE LA	
	Capitalisation	Répartition
1o Chambres de commerce et chambres consultatives des arts et manufactures.	2	15
2e Syndicats patronaux	9	22
3e Syndicats mixtes	1	2
4o Syndicats ouvriers et bourses du travail	11	156
5e Syndicats agricoles, chambres consultatives d'agriculture, associations agricoles	43	8
Ensemble	66	203

De ce tableau il résulte que le nombre des associations qui se sont prononcées est minime. De plus, ce sont principalement les associations ouvrières qui ont indiqué une préférence marquée pour le système de la répartition : plus de 90 0/0 de celles qui ont fait connaître leur opinion l'ont fait dans ce sens et un certain nombre d'entre elles ont joint à leur indication un vœu tendant à l'adoption du projet Escuyer.

Que faut-il retenir de cette enquête ? Pas grand'chose au point de vue qui nous occupe, car il y a là manifestement une question technique qui échappe à la masse. Le mot de capitalisation d'autre part sonne mal à certaines oreilles et éveille des défiances dans le monde ouvrier. Ces défiances ne sont pas d'ailleurs un fait isolé et particulier à notre pays. En Allemagne, les mêmes marques de froideur ont accueilli les projets du gouvernement. La loi de 1889 n'a été votée qu'à une faible majorité. Les syndicats patronaux, les syndicats ouvriers, le parti socialiste s'étaient prononcés avec énergie contre son système financier. Puis cette loi est entrée dans la pratique, elle a fait son chemin et dix ans après, les modifications que la pratique avaient rendues nécessaires furent votées à l'unanimité. A ce moment, les principes généraux sur lesquels la loi était basée n'étaient plus contestés par personne.

CONCLUSION

De l'étude des systèmes théoriques et de celle des législations, une conclusion première se dégage : c'est que le système de la pratique ne saurait être un système absolu, pur de tout alliage.

La répartition pure et simple, par l'absence totale de garanties qu'elle présente, est un système aussi dangereux pour l'avenir de la caisse que pour les finances publiques ; sans compter qu'on peut encore faire valoir que c'est le système le plus cher et le moins juste.

Le système de couverture complète de son côté est inapplicable dans son intégrité, dès qu'on se trouve dans la nécessité de servir des pensions immédiates. Il ne cadre pas non plus avec la nature des sacrifices que s'impose l'Etat.

Aussi, en fait, les systèmes pratiqués ou proposés sont-ils toujours des systèmes mixtes. La répartition par exemple sera corrigée par la constitution d'un fonds de réserve.

La capitalisation sera plus ou moins mélangée de répartition en ce qui concerne les dispositions transitoires ou la subvention de l'Etat.

Il n'en est pas moins vrai qu'entre ces deux systèmes théoriques généraux il faut choisir. Le système pratique sera-t-il donc à base de capitalisation ou à base de répartition ? Nous croyons qu'il devra être à base de capitalisation, parce que seul ce dernier système est un système rigoureusement scientifique, seul il ménage l'avenir et le garantit, seul il permet à l'Etat de calculer à l'avance le montant de ses charges, seul enfin il permet à chaque instant de connaître la véritable situation de la caisse et de proportionner exactement les ressources aux dépenses.

Sans doute ce système n'est-il pas exempt de quelques inconvénients, dont l'un, la difficulté du placement des capitaux, est loin d'être négligeable. Mais c'est là un inconvénient d'application, qui ne saurait constituer à lui seul un obstacle péremptoire. Cet obstacle, il suffirait de le tourner pour que la principale objection que l'on élève contre la capitalisation s'évanouisse. C'est des moyens de résoudre ce nouveau problème, essentiellement financier, que nous allons maintenant nous occuper.

TROISIÈME PARTIE

PLACEMENT DES FONDS
ET
ORGANES FINANCIERS DE L'ASSURANCE

La conséquence la plus évidente de tout système de capitalisation est d'entraîner une accumulation considérable de capitaux. Lors donc qu'on se décide à adopter un système de caisses de retraites fondé sur la capitalisation, il faut se préparer à donner un emploi aux sommes recueillies, il faut assurer le placement de ces sommes et pourvoir à leur gestion. De là, un nouveau problème qui consiste à rechercher quels sont les meilleurs modes d'emploi pour les réserves de l'assurance.

Ce problème en comprend d'ailleurs un second qui lui est connexe : A qui confiera-t-on la gestion effective de ces capitaux : à une ou à plusieurs caisses ? Ces caisses elles-mêmes seront-elles fortement centralisées ou jouiront-elles d'une certaine autonomie financière ? C'est là une question dont la solution réagit sur les méthodes de placement elles-mêmes.

Aussi, il y a-t-il là deux questions qu'il y a intérêt à rapprocher et à traiter parallèlement.

CHAPITRE PREMIER

§ 1. — Evaluations et solutions théoriques.

La première question qui se pose est de connaître approximativement le montant des sommes auxquelles il s'agit de trouver un emploi. Toute la difficulté du problème vient en effet de l'importance exceptionnelle de ces sommes. Il convient donc d'être fixé sur le montant des capitaux accumulés par l'assurance.

Or, voici les approximations fournies par M. Guieysse dans les annexes de son rapport de 1904.

Une première note actuarielle du Ministère du Commerce sur les conséquences financières du projet de loi aboutit aux conclusions suivantes :

a) En ce qui concerne le commerce et l'industrie, la somme des arrérages qu'aura à payer annuellement la caisse des retraites sera de 619.601.000 francs. D'un autre côté, la recette annuelle des caisses se composera de 199.990.000 francs, toujours en période normale. L'excédent des dépenses sur les recettes ressort par suite à 419.611.000 francs. Ce déficit devant être mathématiquement couvert par l'intérêt des réserves accumulées, il s'ensuit que ces réserves, au taux de 3 0/0, s'élèveront à 14 milliards.

b) **Pour** l'agriculture, le calcul des charges, dans l'hypothèse du projet de loi, donne une somme de 159.210 000 francs d'arrérages à payer annuellement. D'autre part, la recette annuelle des caisses se composera de 56.070.000 francs. Soit un excédent de dépenses de 103.140.000 francs, qui, capitalisé à 3 0/0, représente un capital de couverture de 3 milliards 1/2 environ.

Cette première note aboutit ainsi à une accumulation totale de 14 + 3 1/2 = 17 1/2 milliards environ, en régime permanent.

Une deuxième note du Ministère du Commerce demandée par la Commission d'assurance et de prévoyance sociales, sur l'évaluation approchée de l'accumulation des capitaux nécessaires au service des retraites ouvrières, aboutit à un chiffre plus élevé. Les dépenses totales de l'assurance (commerce, industrie et agriculture réunis) sont évaluées à 904 millions au bout de la 80e année ; les recettes à la même époque sont estimées à 304 millions ; soit une différence de 600 millions. Le capital correspondant, au taux de 3 0/0, atteint alors 20 milliards de francs environ, dont la constitution se répartirait ainsi dans le temps : 297 millions la 1re année, 3.356 au bout de 10 ans, 7.212 millions au bout de 20 ans, et ainsi de suite, suivant le tableau inséré à la page 140 du rapport de 1904.

On arrive ainsi à une approximation de 17 à 20 milliards de capitaux constitués à l'époque du plein fonctionnement.

Il est indéniable que ce sont là des sommes formidables, bien faites pour provoquer des doutes sur la possibilité pratique de leur placement et de leur emploi. On a reproché, il est vrai, aux actuaires du Ministère du Commerce d'avoir été trop pessimistes et d'avoir forcé leurs calculs. Sans doute en ces matières une grande prudence s'impose. Mais il ne faut pas oublier que, dans le calcul des charges tel qu'il a été fait pour le projet de 1904, le chiffre de la population retraitée résultait d'une adaptation assez arbitraire de la loi de mortalité de la table C. R. à la mortalité de la population ouvrière, et ce chiffre représentait plus que le double de ceux fournis par les recensements. Dans ces conditions, il paraît bien, que les sommes de 17 à 20 milliards dont on nous parle, doivent être considérées comme des maxima absolus, et peut-être pourrait-on fixer à 12 ou 14 milliards environ, comme le faisait en 1901 M. Caillaux, ministre des finances, d'après les évaluations de ses propres services, l'accumulation réelle de capitaux qu'entraînerait un projet modéré dans ses dispositions, tel que sera sans doute le projet sorti des discussions et des concessions nécessaires que se feront les Chambres.

Avec une pareille somme d'ailleurs le problème du placement reste entier et hérissé de difficultés. Contre la possibilité du placement de capitaux aussi considérables, on objecte en effet tout d'abord le danger de la baisse du taux de l'intérêt. Que le taux de l'intérêt des valeurs bien garanties vienne à baisser d'un quart de point et voilà tous les calculs faussés. Les réserves primitives étant insuffisantes, il faudra leur en adjoindre d'autres. Les capitaux de couverture croîtront ainsi au fur et à mesure que l'intérêt baissera et les prévisions du début se trouveront largement dépassées.

D'ailleurs, ajoute-t-on, le fait seul de placer à jet continu des sommes aussi considérables que celles recueillies par les caisses agira d'une façon déprimante sur le taux de capitalisation des bonnes valeurs, et ainsi ce système se ferme à lui-même ses débouchés, à moins qu'on veuille se lancer dans des placements plus aventureux, dont l'intérêt est plus élevé, mais alors ce sera aux dépens de la sécurité même des opérations effectuées. La caisse des retraites semble donc se trouver acculée au dilemme suivant : ou bien ne plus trouver de placements bien garantis qu'à un taux d'intérêt de plus en plus bas, ou bien ne maintenir son taux primitif de capitalisation qu'au prix de la sécurité même des capitaux engagés.

Voilà le point de vue purement financier. Mais au point de vue économique, ajoute-t-on, que dire d'un système qui soustrait à la production, aux besoins du pays, à la circulation, de pareilles sommes, d'aussi énormes capitaux. Quels troubles économiques, quelles conséquences lointaines le fonctionnement d'une institution qui aspire automatiquement une telle somme de capitaux ne va-t-il pas produire dans le pays ? Le commerce et l'industrie souffriront, alors que les instruments de toute production resteront dans les caisses de l'assurance, où ils sont d'avance frappés de stérilité. Enfin, la gestion de ces sommes entraînera des frais

considérables qui alourdiront encore les charges de l'assurance. Telles sont les principales objections que soulève
l'accumulation des capitaux et la possibilité de leur placement. Ce sont les arguments mêmes que l'on fait valoir
avec le plus de force contre tout système de capitalisation.

Y a-t-il donc une impossibilité matérielle à placer et à
gérer les sommes élevées dont il s'agit ? Nous ne le croyons
pas. Théoriquement il est difficile de fixer la limite, le nombre de millions, à partir duquel toute capitalisation est
dangereuse. En fait d'ailleurs, de grandes institutions,
comme les Caisses d'épargne, la Caisse des dépôts et consignations, les sociétés d'assurance privées, gèrent déjà des
capitaux considérables. A l'heure actuelle notamment la
Caisse des dépôts et consignations a placé, rien qu'en fonds
publics, une somme de capitaux qui s'élève à 7 milliards
et demi environ. A l'étranger, les pays qui, pour leurs assurances sociales, ont adopté des systèmes de capitalisation,
l'Autriche pour son assurance-accidents, l'Allemagne pour
son assurance-invalidité, se sont trouvés aux prises avec
les mêmes difficultés et sont en train de leur donner une
solution suffisamment satisfaisante.

Certes, la baisse du taux de l'intérêt est une tendance indéniable dans les pays de vieille civilisation. Mais il n'est
pas impossible de prévoir cette baisse, et si cela est nécessaire de majorer légèrement dans l'avenir les cotisations.
Cette baisse d'ailleurs est assez lente et subit d'assez longs
temps d'arrêt. Il faut remarquer en outre que le placement
des sommes dont il s'agit ne doit pas s'effectuer brusque-

ment et d'un seul coup. Il doit au contraire s'échelonner
sur une longue période de 80 années environ. Est-il dès
lors impossible de placer au cours de ce délai une somme
de 12 à 20 milliards ? Ce n'est guère admissible si l'on
songe qu'au cours du siècle dernier la fortune publique
de la France est passée de 60 milliards environ à 200 ou
220 milliards, et que chaque année le produit des épargnes
françaises s'élève à près de 3 milliards. Ce fait que nous
remployons chaque année une somme élevée de capitaux
est considéré comme un indice de prospérité et nous pro-
cure sur le marché de l'argent un avantage précieux. Personne ne songe à y voir un danger, car à notre époque,
avec le développement économique, les emplois de l'argent
se multiplient, les besoins des Etats eux-mêmes augmentent et offrent sans cesse de nouveaux débouchés aux capitaux de placement.

Quant au point de vue économique, il est très contestable que l'argent enlevé à l'industrie et au commerce sous
forme de cotisations soit à jamais perdu pour eux. Cet argent, aspiré sous une forme, retombe sous un autre, sous
la forme de retraites, de pensions et de secours. Il accroît
ainsi les facultés de consommation de toute une catégorie
de population, et tout ce qui favorise la consommation favorise nécessairement la production.

Même au point de vue exclusif des placements, la question se pose de savoir s'il n'y a pas possibilité de faire bénéficier l'industrie et les œuvres d'intérêt général de l'appui
des capitaux de l'assurance. On reproche à ces capitaux de

demeurer stériles dans les caisses. Mais que ne leur donne
t-on un emploi productif ? Il n'y a là aucune impossibilité matérielle. Et l'on conçoit parfaitement qu'une partie
des ressources de l'assurance soit employée dans des entreprises industrielles ou agricoles et dans des institutions
d'intérêt public ou social.

Sans doute, la convenance de ces placements est chose
discutable. Mais un coup d'œil jeté sur le mouvement économique et social de notre époque suffit à s'assurer que les
possibilités de placement pour les capitaux de la caisse des
retraites sont multiples et variées. La véritable question du
placement consiste donc à faire un choix judicieux, parmi
tous les emplois qui s'offrent. Or c'est là une question de
pratique financière, d'expérience à acquérir. Il s'agit de
savoir quels sont les meilleurs placements, quels sont ceux
qui répondent le mieux au but que l'on se propose. Cette
recherche seule est féconde, plus que toute discussion théorique sur la possibilité ou l'impossibilité de placer des sommes de plusieurs milliards.

Or, le premier intérêt dont on ait à tenir compte dans
la gestion des capitaux de l'assurance, c'est celui de la
sécurité de ces fonds. Par suite l'obligation s'impose à la
caisse des retraites de faire des placements bien garantis,
de constituer la plus grande partie de son avoir en valeurs
de tout repos. A cette fin, on fera appel aux fonds d'Etat,
aux valeurs garanties par l'Etat, aux titres des collectivités
secondaires. La caisse sera traitée à ce point de vue, comme
une de ces personnes du droit privé, que la loi protège

dans leurs placements, en les obligeant à n'acquérir que certaines valeurs déterminées et énumérées par le Code civil lui-même.

Malheureusement, il est un fait certain, c'est que la baisse du taux de l'intérêt, lorsqu'elle se produit, atteint d'abord les valeurs les plus sûres, et notamment les fonds publics qui sont dans chaque pays le baromètre du taux de l'intérêt. De plus, c'est surtout avec ce genre de placements qu'on peut reprocher aux capitaux des caisses de rester improductifs. Aussi la question se pose-t-elle de savoir s'il ne convient pas de faire une place à des emplois de fonds d'un autre genre.

Une première raison dans ce sens, c'est que, lorsqu'il s'agit de placer des sommes élevées, la diversité des placements est un principe avantageux. Or il existe dans l'industrie des valeurs dont la garantie est aussi élevée que possible. Personne ne contesterait par exemple à une caisse française la faculté d'acquérir des obligations de nos grandes Compagnies de chemins de fer, car le service de ces titres est garanti par l'Etat. Mais la question devient plus délicate, dès qu'il s'agit des valeurs industrielles proprement dites, car ici un élément aléatoire s'introduit forcément. Pourtant les valeurs industrielles rapportant généralement davantage que les valeurs de tout repos, il peut s'établir une compensation entre les pertes possibles, et la majoration d'intérêts obtenue. En un mot, on peut concevoir que dans le portefeuille de la caisse des retraites de bonnes valeurs industrielles jouent, comme dans un portefeuille particulier, le rôle de *valeurs d'appoint*. Mais cela même indique qu'il y a ici une limite à ne pas dépasser. Ce ne sera donc jamais qu'une petite partie de son capital qu'une institution d'assurance pourra placer de la sorte.

Se limitera-t-on d'ailleurs soigneusement aux valeurs nationales ou bien mettra-t-on aussi à contribution les fonds d'Etat et les titres étrangers ? Cette dernière perspective éveille les susceptibilités patriotiques de certains qui ne voudraient pas voir les capitaux d'une institution nationale aller chercher des emplois à l'étranger. Et il est bien certain en effet que c'est principalement dans le pays que devront s'effectuer les placements de la caisse d'assurance. Mais il peut y avoir intérêt néanmoins à ce qu'une institution nationale possède des titres étrangers.

Par suite de la situation exceptionnelle de notre pays au point de vue de l'abondance des capitaux, le loyer de l'argent est généralement moins élevé chez nous que dans les pays voisins. Il peut donc y avoir intérêt à profiter des occasions de placement offertes sur les marchés étrangers. De plus, au point de vue national même, un pays a un véritable avantage à se trouver créancier de ses voisins, et dans le règlement des comptes internationaux, l'intérêt des sommes placées à l'étranger joue un rôle important. Enfin, au point de vue politique, le fait pour un Etat de posséder une partie des fonds publics d'un autre Etat crée entre eux une situation particulière, qui est généralement à l'avantage du premier. La question du placement en valeurs étrangères n'est donc pas à négliger de parti pris, et l'on conçoit que la

caisse d'assurance puisse employer une partie de ses capitaux, à titre de *placements intercalaires*, en valeurs inter-
nationales.

Voilà pour les placements proprements dits, c'est-à-dire
pour les achats de titres et de valeurs. Mais à côté, on conçoit des modes d'emploi des capitaux de l'assurance affectant une forme différente, la forme des prêts et des avances
de toutes sortes d'une part, la forme des immobilisations en
constructions d'immeubles d'autre part. Les prêts et les
avances portant intérêt se légitiment parfaitement lorsqu'ils
s'adressent à des collectivités administratives, à de grandes
institutions à caractère privilégié, à des associations légales, comme les départements et les communes, le Crédit
foncier, les grandes associations syndicales. On peut, il est
vrai, aller très loin dans ce sens et employer les capitaux de
l'assurance à subventionner les entreprises de crédit agricole, les associations ouvrières de production et de consommation. Tous ces emplois sont très intéressants et ont un
caractère économique très marqué, mais il est certain que
dès que l'on s'écarte des prêts aux collectivités et aux
grands établissements publics, on entre dans l'inconnu et
on s'expose à tous les périls inhérents aux entreprises mêmes que l'on subventionne. De même en est-il des placements en immeubles. En principe, l'assurance ne doit pas
immobiliser ses ressources, serait-ce même ses réserves
permanentes. La gérance des immeubles entraîne d'ailleurs
des complications et des frais nombreux. Tout au plus conçoit-on raisonnablement que la nouvelle institution se rende

propriétaire des locaux dans lesquels elle exerce sa mission.

Pourtant cette dernière forme d'emploi des fonds, prêts sur simple reconnaissance de dette, prêts hypothécaires, avances diverses et constructions ou acquisitions d'immeubles, comprend une catégorie de placements qui semble répondre mieux que tout autre au but même que se propose l'institution d'assurance ; ce sont les *placements sociaux*. Par là on entend les placements qui ont pour objet, soit la création d'institutions destinées à améliorer le sort de la classe ouvrière en général, comme la construction d'habitations à bon marché, soit principalement la création de toutes œuvres destinées à l'amélioration particulière de la population assurée et retraitée, telles que les constructions d'hospices, de sanatoriums, de dispensaires, de cliniques, de maisons de retraite et de convalescence, etc., etc. A ceux qui reprochent à la capitalisation d'être un système peu conforme à l'idée de solidarité, on peut opposer que ce système permet de rendre à la population ouvrière, sous mille formes, les capitaux qu'il lui a enlevés sous la forme de cotisations. Ces œuvres sociales seraient en quelque sorte la revanche de la capitalisation contre ses détracteurs.

Mais il faut bien avouer qu'au point de vue financier ce sont les placements de ce genre qui sont les plus aléatoires. Ce sont aussi ceux qui rapportent le moins. Aussi conçoit-on que sur ce point l'initiative des caisses soit contenue dans certaines limites. Ce sont surtout les excédents, s'il en existe, qui pourront être affectés à des œuvres de ce genre, et il ne faudra pas le regretter, car par eux la valeur sociale de l'assurance sera considérablement accrue.

§ 2. — Les faits.

Voilà quelles possibilités diverses et fécondes de placement s'offrent aux capitaux de la caisse des retraites. Mais en cette matière, rien ne saurait être plus démonstratif que les faits. Il ne suffit donc pas d'avoir indiqué ces possibilités théoriques, il faut montrer comment le problème a été résolu en fait, soit dans les législations positives, soit dans les projets de loi. Voyons d'abord comment ce problème du placement des fonds a été résolu en Allemagne. C'est un exemple des plus instructifs (1).

Le principe des placements de fonds est posé par l'article 164 de la loi nouvelle du 13 juillet 1899.

§ 1er : 1º Ce principe est que les fonds disponibles des Caisses régionales doivent être placés de la façon indiquée par les articles 1807 et 1808 du Code civil relatifs au placement des biens des mineurs par leurs tuteurs. Or les placements ouverts aux tuteurs par le Code civil allemand sont :

a) les hypothèques, dettes foncières ou lettres de rente ;

b) des valeurs, à savoir :

α) les fonds d'Etat ;

β) les obligations à intérêt garanti par l'Etat (chemins de fer) ;

γ) les obligations et lettres de gage des communes, pro-vinces, cercles, etc... admises par le conseil fédéral ;

(1) V. E. Fuster. *Les capitaux des caisses de retraites allemandes et leur emploi* (Documents publiés par le ministère du commerce, Paris, 1905).

c) les dépôts dans certaines Caisses d'épargne admises à cet effet, ou, dans des circonstances spéciales, les dépôts en banque ;

2° Si la caisse d'assurance a son siège dans un Etat confédéré pour le territoire duquel certaines valeurs ont été, en vertu des lois dudit État, déclarées appropriées au placement des biens de mineurs, les fonds de cette caisse peuvent être également placés en valeurs de cette nature ;

3° L'autorité centrale de l'Etat confédéré sur le territoire duquel se trouve le siège de la caisse peut permettre que les fonds de la caisse soient aussi placés sous forme de prêts à des communes et circonscriptions municipales supérieures.

§ 3 : 1° Les caisses d'assurance peuvent, avec l'autorisation de l'autorité de surveillance, placer une partie de leurs fonds d'une façon autre que celle qui est permise par le paragraphe 1er, et *notamment en immeubles* ;

2° Si les caisses d'assurance veulent placer de cette manière plus *du quart* de leurs fonds, elles ont en outre besoin de l'autorisation de la circonscription municipale supérieure, respectivement de l'autorité centrale de l'Etat confédéré pour lequel elles ont été instituées, et enfin de l'autorisation du Conseil fédéral, si plusieurs autorités centrales d'Etat sont intéressées et si l'accord ne s'établit pas entre elles ;

3° Un tel placement n'est d'ailleurs autorisé qu'en valeurs, *ou pour les besoins de l'administration*, ou pour éviter à la caisse des pertes de capitaux, *ou pour des institutions qui bénéficient exclusivement ou principalement à la population assujettie à l'assurance* ;

4° Une caisse ne peut toutefois placer de la sorte plus de *la moitié* de ses fonds.

Ainsi viennent en première ligne les placements en biens de tutelle, puis sous la nécessité d'une autorisation de l'Etat confédéré, les prêts aux communes, arrondissements, provinces. En outre, les autorités de surveillance peuvent autoriser des placements d'une autre nature, en immeubles par exemple, jusqu'à concurrence du quart de la fortune totale de chaque caisse, et jusqu'à concurrence de la moitié, si l'Etat financièrement responsable en donne l'autorisation. En outre, ces placements, s'ils ne sont pas effectués en valeurs, doivent avoir pour objet l'administration de la caisse, ou bien des institutions profitant à la population assurée et retraitée. Ce sont ces placements qui, ainsi définis par la loi elle-même, constituent ce que l'on appelle les *placements sociaux*. D'autre part, l'article 45 de la nouvelle loi contient une disposition importante pour toutes celles des caisses qui ont des excédents, c'est-à-dire dont les recettes dépassent le montant des engagements mathématiques. Les excédents du fonds spécial peuvent être affectés à des prestations autres que celles prévues par la loi et profitant aux assurés et aux pensionnés ; l'autorisation du Conseil fédéral est du reste nécessaire.

Telles sont les dispositions légales qui régissent l'emploi des fonds des caisses de l'assurance-invalidité. Voyons maintenant l'application qui en a été faite et le sens dans

lequel elles ont été interprétées. C'est là le côté le plus intéressant, le plus vivant peut-être de la politique suivie par
les caisses allemandes.

Des chiffres fournis par M. Edouard Fuster dans sa bro-
chure : *Les capitaux des caisses de retraites allemandes et
leur emploi* ressortent les résultats suivants :

Les capitaux existant à la fin de 1902 (en caisse ou en
banque, valeurs et prêts, immeubles, et non compris l'inventaire) s'élevaient d'après le prix d'achat :

Pour les caisses régionales, à . . . 923.120.000 marcs,

Pour les caisses autonomes, à. . . . 84.358.000 —

Total . . . . 1.007.478.000 marcs,

Soit environ. . . . . 1.259.347.500 francs.

Voici maintenant quels étaient, par nature de placements,
les emplois donnés à cette fortune (sommes exprimées en
milliers de marcs).

NATURE DES PLACEMENTS	CAISSES régionales	CAISSES AU-TONOMES professionnelles	ENSEMBLE des caisses	P. 100 du total
Emprunts d'Empire .	25.528	6.487	32.015	3.2
Emprunts des divers Etats et titres des chemins de fer garantis par l'Etat.	91.484	28.322	119.806	11.9
Obligations et lettres de gage des communes, cercles et provinces . .	298.360	17.805	316.165	31.4
Prêts aux communes (paroisses et caisses d'écoles y compris) cercles et provinces	274.503	13.972	288.475	28.6
Hypothèques et lettres foncières.	181.315	14.350	195.665	19.4
Dépôts dans les Caisses d'épargne	3.473	360	3.833	0.4
Immeubles	36.064	2.267	38.331	3.8
En Caisse ou en banque	12.393	794	13.186	1.3
Totaux. . .	923.120	84.358	1.007.478	100

Tel est le classement des placements d'après leur forme juridique, mais il est intéressant de connaître quel est le montant et le détail des placements sociaux, c'est-à-dire de ceux qui ont une affectation philanthropique, qui ont été institués dans l'intérêt principal ou exclusif de la population assurée.

La situation des placements sociaux à la fin de 1903, était la suivante (sommes exprimées en marcs) :

DÉTAIL DES PLACEMENTS SOCIAUX	Placements effectués jusqu'à fin 1903 par les		
	CAISSES régionales	CAISSES professionnelles	ENSEMBLE
1° Crédit rural (hypothèques, chemins de fer d'intérêt local, amélioration des chemins, encouragements à l'élevage, etc.).. . .	67.180.051	2.405.000	69.585.051
2° Services sanitaires et philanthropiques divers (constructions d'hôpitaux, de maisons de convalescence et de sanatoriums populaires ; stations communales d'assistance médicale ; auberges de chemineaux ; colonies d'assistance par le travail ; bains populaires ; hospices d'aveugles ; écoles enfantines ; abattoirs ; canalisations d'eaux et égouts ; sociétés d'épargne et de consommation ; etc.).	148.195.846	677.241	148.873.087
3° Constructions de maisons ouvrières	109.533.296	8.860.095	118.393.391
Total. . . .	324.909.193	11.942.336	336.851.529
4° Installations pour le compte des caisses (hôpitaux, établissements de cure, sanatoriums antituberculeux, stations de repos et de convalescence, asiles d'invalides ; etc.)...	25.278.722	3.790.139	29.068.861
Total général. .	350.187.915	15.732.475	365.920.390

Ainsi, dès cette époque, les placements sociaux représentent une partie importante de la fortune des caisses. Ils sont d'ailleurs en voie de développement constant.

D'après les derniers chiffres connus en effet (1), la fortune des caisses a atteint, fin 1905, le chiffre de 1.236 millions de marcs, soit 1.545 millions de francs (sans compter la valeur de l'inventaire estimé à 4 1/4 millions de francs). Or, jusqu'à la fin de cette même époque (1905), 473.717.919 marcs, soit 592 millions de francs, ont été employés en placements sociaux, c'est-à-dire en prêts à des institutions philanthropiques, ou pour des travaux sanitaires, ou en constructions d'habitations ouvrières. C'est donc actuellement plus du tiers des réserves totales, qui est ainsi affecté à des usages autres que la capitalisation sèche et stérile en fonds d'Etat et en valeurs de Bourse.

La première observation que suggèrent ces chiffres, c'est l'infinie variété que les directeurs des caisses allemandes ont su donner à leurs placements, et leur souci constant de ne pas faire de l'assurance une simple société de capitalisation destinée à servir des rentes viagères. Le but avoué de ces administrateurs a été de faire de l'assurance-invalidité une œuvre vivante et féconde, mêlée à la vie sociale tout entière, aidant à l'amélioration du sort des classes laborieuses, et employant une grande partie de ses capitaux à des œuvres d'utilité sociale incontestable. De là ce déve-

_____

(1) V. Bulletin du Comité permanent des accidents du travail et des assurances sociales : *Résultats statistiques de l'assurance contre l'invalidité en Allemagne*, 1906, p. 514.

loppement des placements sociaux, qui a passé par le timide
joint laissé par les textes législatifs, qui s'est opéré le plus
souvent à l'encontre des tendances marquées par les autorités supérieures, mais qui a vaincu toutes les résistances,
et qui forme aujourd'hui un des caractères les plus origi-
naux de l'assurance allemande de l'invalidité-vieillesse.

Au point de vue social, il est indéniable que les placements effectués par les caisses allemandes ont été un grand
bienfait pour la nation Mais en est-il de même au point de
vue financier? N'a-t-on pas compromis la sécurité des capitaux de réserve, n'a t-on pas engagé l'avenir dans des affaires
périlleuses, n'a-t-on pas multiplié inconsidérément les placements peu rémunérateurs ? C'est la situation financière
des caisses qui doit nous répondre, ou plutôt qui devrait
nous répondre.

Or, il est manifeste qu'au point de vue technique et
financier, la majorité des caisses allemandes subit une crise
qui, si l'on n'y porte bon ordre, peut menacer l'avenir
financier de ces caisses. D'après les calculs de l'Office impérial des assurances, la plupart des Caisses régionales en
effet seraient en déficit, déficit qui ne pourrait qu'aller en
s'aggravant. Le seul remède possible serait l'augmentation
des cotisations, et l'on commence, en Allemagne, à envisager cette éventualité comme inéluctable.

Mais à quoi tient cette situation difficile des caisses à
l'heure actuelle ? Il est permis d'affirmer que ce n'est pas à
l'inconséquence ni à la hardiesse de leurs placements. Il ne
faut pas oublier en effet, d'une part, que les calculs de l'Of-

fice impérial sont faits d'après le taux de 3 0/0, qui est le
taux officiel prévu pour les approximations initiales. Or, en
réalité, le taux des placements effectués par les caisses est
sensiblement supérieur. La moyenne générale des placements opérés par l'ensemble des caisses depuis 1891 jusqu'à 1903 est la suivante :

1891.	3.87 0/0
1895.	3.58 0/0
1897-98.	3.49 0/0
1900	3.53 0/0
1901.	3.56 0/0
1902.	3.55 0/0
1903.	3.54 0/0

Ainsi la moyenne, après avoir fléchi vers 1897-1898, tend
à se relever. Si donc la situation financière des caisses était
calculée d'après ces taux effectifs, le déficit déclaré serait
sans doute très atténué.

D'autre part, le nombre et le pourcentage des placements
qualifiés « *non sûrs* » est infime par rapport à l'ensemble
des capitaux placés. Ces placements « *non sûrs* » ont représenté successivement 7, 11, 10 0/0 de l'ensemble des placements. Depuis la loi nouvelle ils n'en représentent guère
plus que 2 0/0. Et ils ne jouent de rôle appréciable qu'à
l'égard du groupe « constructions de maisons ouvrières ».

Aussi faut-il chercher ailleurs que dans la témérité des
placements les causes de la crise actuelle des caisses allemandes. Ces causes sont nombreuses, mais l'une des principales réside dans l'extension prise par les rentes d'invali-

dité, dans la facilité trop grande avec laquelle ces rentes sont accordées. Là est le véritable danger, et aussi dans les fuites, les dissimulations, les ententes locales qu'il est difficile d'éviter dans une aussi vaste organisation.

Ce qu'il faut retenir de l'expérience allemande, même au point de vue financier, c'est l'œuvre vivante qu'elle a su faire, c'est la diversité de ses placements, leur adaptation au mouvement économique et social. Cette expérience répond au reproche d'immobilisation, de stérilisation des capitaux, que l'on fait aux systèmes de capitalisation. Elle montre que cette accumulation de fonds peut être la source d'un grand développement des institutions d'assistance, d'hygiène, de bien être, de progrès agricole et industriel pour un pays. C'est, comme on l'a dit, la revanche de la capitalisation. Et il ne paraît pas que cette politique financière, lorsqu'elle est contenue dans de justes limites et exercée sous le contrôle des autorités supérieures, doive fatalement créer le déficit. Ce déficit, en Allemagne, s'explique suffisamment par la constitution régionale des caisses, qui fait que certaines sont moins favorisées que d'autres, et en outre par les charges nouvelles imposées par la loi de 1899, et par l'extension quelque peu abusive de certaines prestations de l'assurance.

Enfin, s'il est vrai que quelques excès aient été commis en fait de placements, les caisses, sur les observations de l'Office impérial, semblent en être revenues. La proportion des placements sociaux par rapport aux placements ordinaires tend à retomber. Certains placements plus dangereux, comme ceux en constructions de maisons ouvrières, sont peu à peu délaissés. Par contre, les prêts aux communes, cercles et provinces et aux associations que ces collectivités cautionnent deviennent le plus en faveur, et ce sont précisément ceux qui rapportent le plus.

En résumé, l'exemple fourni par l'Allemagne ne doit pas être pour nous décourager d'entreprendre une accumulation de capitaux. Comme le dit excellemment M. Bellom (1) : « Ce n'est pas à la suppression de l'accumulation des capitaux, c'est à un judicieux emploi de ces capitaux que doivent tendre les efforts du législateur et ceux des organes d'assurance. » Le mérite de l'expérience allemande est justement de nous avoir montré quelle diversité féconde d'emplois on pouvait donner aux fonds de l'assurance et quelle œuvre vivante on pouvait faire avec eux (2).

Il reste pourtant un fait qui a son importance, c'est que, en 1905, après 16 années d'existence, les capitaux accumulés par l'assurance allemande ne s'élevaient encore qu'à 1.236 millions de marcs ou 1.545 millions de francs, alors qu'au bout du même temps, d'après les chiffres du rapport de 1904, l'assurance française devrait avoir accumulé

---

(1) V. M. Bellom, *op. cit.*, liv. III, 1re partie, p. 24.

(2) En Autriche, où la capitalisation existe pour l'assurance contre les accidents du travail, les caisses régionales peuvent employer leurs fonds de la manière suivante : placements admis pour les biens pupil. laires, immeubles non grevés d'hypothèques, hypothèques de toute sûreté, banque d'Autriche Hongrie, prêts sur polices d'assurance sur la vie, prêts à des sociétés que leurs statuts n'autorisent à admettre des capitaux étrangers que jusqu'à concurrence de leurs ressources propres.

5.668 millions de francs, pour aboutir finalement à un chiffre de 20 milliards.

Il s'agit là de chiffres trois ou quatre fois plus forts que ceux de l'assurance allemande. En face de pareilles sommes un doute est permis. La solution consisterait peut-être à modérer l'étendue d'application de la loi de retraites, à se borner à faire une bonne loi contre l'incapacité de travailler avec pensions accessoires de vieillesse. Mais il ne paraît pas que telle soit la tendance du Parlement ou tout au moins de la Chambre. Le texte voté par cette dernière en 1906 accroît en effet, dans de nouvelles et importantes proportions, les charges tant de l'Etat que de la caisse, et personne n'a osé évaluer à combien se monterait dans cette hypothèse l'accumulation des capitaux, au bout de 80 ans de fonctionnement.

Pourtant cette accumulation, les projets de 1900 et de 1904 et le texte de 1906 ont tâché de l'organiser et il n'est pas sans intérêt de voir à quelles dispositions la Commission d'assurance et de prévoyance sociales en 1900 et 1904, la Chambre en 1906 s'étaient arrêtées.

En 1900, la Commission s'est contentée de poser le principe de la création de 20 caisses régionales, comme organes financiers de l'assurance. Mais elle n'a pas cru devoir déterminer elle-même les règles de gestion et de fonctionnement de ces caisses. Elle a pensé d'ailleurs que le fait de créer des caisses régionales, douées d'une certaine autonomie financière, était une indication et une solution suffisantes de la question de l'emploi des fonds, et elle a laissé à un règlement d'administration publique le soin de la désignation détaillée des placements. Le projet n'ayant pas même été voté, le règlement n'est donc jamais intervenu.

En 1904 au contraire, de longues discussions eurent lieu au sein de la Commission sur cette question de l'emploi des capitaux de l'assurance. Et, après avoir adopté un principe d'organisation différent, la Commission fixa elle-même les règles d'après lesquelles aurait lieu, par l'intermédiaire de la Caisse des dépôts et consignations, le placement des fonds provenant des cotisations, ainsi que des revenus du portefeuille propre de la Caisse.

L'article 11 du projet donne l'émunération limitative des placements ainsi autorisés :

« *La Caisse des dépôts et consignations est autorisée à employer le montant des timbres-retraites et des versements, ainsi que les revenus du portefeuille excédant les fonds nécessaires au service des paiements :*

1o En valeurs de l'Etat ou jouissant d'une garantie de l'Etat ;

2o En prêts aux départements, communes, colonies, pays de protectorat, établissements publics, chambres de commerce, et en obligations foncières ou communales du Crédit foncier ;

3o Jusqu'à concurrence du cinquième de ses fonds, en valeurs industrielles.

Les achats et les ventes de valeurs sont effectués avec publicité et concurrence, sur la désignation de la Commission de surveillance instituée par les lois des 28 avril 1816 et 6 avril 1876, et avec l'approbation du ministre des finances. Les achats et les ventes de valeurs autres que les rentes pourront être opérés sans publicité ni concurrence. Les sommes non employées seront versées en compte-courant au Trésor, dans les limites d'un maximum et à un taux annuellement fixé par la loi de finances. »

Ainsi la Commission n'a cru devoir laisser qu'une très faible latitude à l'organe financier de l'assurance.

Les placements ont lieu sous le contrôle et l'approbation du ministre des finances, et doivent être effectués principalement en valeurs d'Etat, de collectivités secondaires et de grands établissements publics. La Commission a estimé en outre que l'on pouvait, sans danger pour l'avenir de la Caisse, placer dans l'industrie le cinquième au maximum des 300 millions provenant chaque année des versements ouvriers et patronaux, soit environ 60 millions de francs par an. « La dissémination de ces sommes, sur un grand nombre de valeurs industrielles bien choisies, dit le rapporteur, viendrait ainsi donner un grand encouragement à l'industrie française, en associant plus étroitement les ouvriers aux entreprises qui ne subsistent et prospèrent que par leur travail, et comme le revenu obtenu est notablement supérieur à celui des valeurs d'Etat, le taux moyen des plaments sera supérieur à 3 0/0, en admettant même quelques mauvais placements. La dissémination des fonds a pour effet de garantir un taux moyen. »

Il y a là en effet un louable effort de la Commission pour échapper à l'écueil d'immobiliser en valeurs d'Etat toutes

les réserves de l'assurance. Mais peut-être n'est-ce pas du
côté des valeurs industrielles qu'il fallait faire preuve de
quelque hardiesse. Les valeurs industrielles en effet ne sont
pas exemptes d'aléas. De plus, la Commission n'a pas résisté
à la superstition du titre, et l'on ne rencontre dans son énu-
mération, aucun de ces placements que les organisations
étrangères similaires n'ont pas craint d'adopter, tels que les
placements en immeubles, en hypothèques de toute sécurité, en prêts et avances aux institutions d'économie sociale,
de crédit agricole et de travaux d'utilité publique. Ces placements féconds ont été délaissés, ces placements sociaux qui
ont fait le succès de l'assurance allemande ont été volontairement méconnus. La hardiesse financière de la Commission
s'est bornée à permettre le placement du cinquième en valeurs industrielles. Il faut avouer qu'elle eut pu faire dans ce
sens une œuvre plus large et plus féconde.

D'ailleurs si timide qu'ait été son initiative dans l'organisation des placements, la Commission n'a pu ranger à son
avis le ministre des finances qui, devant elle, a combattu les
placements industriels et a réclamé très nettement le placement exclusif en valeurs d'Etat ou en valeurs équivalentes.

Telle paraît bien être en effet la thèse officielle sur cette
question de l'emploi des fonds. Les gouvernements hésitent
à accepter pour la Caisse des retraites des dispositions différentes de celles que la sagesse financière a jusqu'ici fait
adopter pour le placement des fonds des Caisses d'épargne,
de la Caisse des dépôts et consignations, et des Sociétés d'assurance placées sous le contrôle de l'Etat.

Il est vrai en effet, que sous le rapport de la sécurité, les valeurs d'Etat ou garanties par l'Etat, offrent le maximum d'avantages. Cependant l'Etat lui-même n'est pas à l'abri d'une crise, telle qu'une guerre malheureuse, ou une révolution politique, qui entraînerait la suspension ou la rupture des placements. De plus il s'agit avec l'institution des retraites de sommes si considérables, qu'il semble qu'il faille autant que possible diversifier les placements et faire appel à des emplois de toute sorte, présentant un degré moyen de garantie. Enfin et surtout il ne faut pas oublier que l'organisation des retraites doit être considérée comme une œuvre essentiellement sociale, et que c'est favoriser ce but social de la réforme, que de placer une partie des sommes recueillies dans des entreprises ou des créations destinées à l'amélioration des conditions d'existence de la population assujettie à l'assurance.

Voilà un certain nombre d'objections qui s'élèvent contre les placements effectués exclusivement en fonds d'Etat. Pourtant cette politique financière, outre sa grande sécurité, présente aux yeux de certains un autre avantage. C'est celui de rendre possible l'amortissement d'une partie importante de la dette publique. Peut-être est-ce cette considération qui fait pencher en sa faveur tous les ministres des finances, préoccupés d'alléger pour l'avenir les charges budgétaires. Toujours est-il qu'il y a là une solution intéressante de la question du placement des fonds, qu'il convient maintenant d'envisager.

§ 3. — La question de l'emploi des fonds de la Caisse des retraites pour l'amortissement de la dette perpétuelle.

La théorie de cette forme d'amortissement a été exposée avec une compétence parfaite dans deux notes, l'une de M. Oltramare, membre agrégé de l'Institut des actuaires, l'autre de M. Weber, actuaire de l'Office du travail, jointes au rapport de M. Guieysse de 1900 (1).

M. Oltramare remarque que le système de la capitalisation aboutit à mettre en réserve, par le moyen d'achats de rentes, les sommes qui vont être versées pour constituer les pensions futures. Au point de vue pratique la combinaison se ramène à ceci : amortir chaque année un certain chiffre de la dette consolidée et faire passer, sous une forme à déterminer, le montant de la rente éteinte au chapitre « Annuités de pensions » ouvert au budget.

« Le remploi des capitaux étant fait en rentes, les titres, prétend l'auteur, seront en réalité amortis à titre définitif. Pendant toute la période de formation, la Caisse recevra en effet plus qu'elle n'aura à payer ; il serait donc absolument inadmissible qu'elle vende les titres qu'elle a en caisse, puisqu'ils représentent la contre-partie des versements. De même en sera-t-il au moment de la période de stabilité, la Caisse n'aura jamais à vendre de titres. Nous en concluons donc, qu'en pratique, les rentes achetées ne rentreront jamais dans la circulation. »

(1) V. *Doc. parlem.*, Chambre, 1900, Annexe n° 1502.

« On se trouve ainsi ramené, dit-il, à établir un amortissement régulier d'une fraction de la dette publique et sa marche doit être telle, qu'au bout d'un laps de temps à déterminer, le montant des arrérages soit précisément égal au chiffre nécessité pour le service plein des pensions. C'est en cela que gît le point délicat de la question ; des mesures immédiates s'imposent si l'on ne veut se trouver plus tard en face des difficultés provenant des variations possibles du taux de l'intérêt. »

M. Oltramare propose alors de faire stipuler par voie législative, cela avant que la hausse ne se soit produite, que le gouvernement se réserve de racheter au pair par voie de tirage au sort, telle portion qui lui sera nécessaire de sa rente 3 0/0. Chaque année, la Caisse fixera par avance le chiffre maximum de rentes à amortir, et chaque année une fraction correspondante de la dette perpétuelle sera convertie en rente amortissable. Mais dans le cas où la rente tomberait au-dessous du pair, l'amortissement par tirage serait bien entendu suspendu d'office et les titres nécessaires simplement achetés en Bourse.

Analogue, mais marquant bien le caractère particulier d'un pareil amortissement, est le système de M. Weber. Cet auteur remarque que dans le système de la capitalisation ou des primes, les dépenses de la Caisse, en régime permanent, l'emportent sur les recettes. La différence est couverte par les intérêts perpétuels des sommes accumulées pendant la période préparatoire. Or, c'est précisément le placement de ces réserves qui fait l'office d'amortissement de la dette.

« Une caisse d'Etat ou garantie par l'Etat, affirme M. Weber, ne peut en effet employer ses capitaux qu'en valeurs de tout repos. Elle devra par suite, à l'imitation des Caisses d'épargne, acheter chaque année un certain nombre de titres de rente sur l'Etat et même consacrer à ces placements la presque totalité de ses capitaux. Ces titres, une fois dans la caisse n'en sortiront plus, parce que le capital de la caisse augmentera progressivement jusqu'au maximum définitif au-dessous duquel il ne descendra plus. La caisse aura ainsi retiré de la circulation un nombre de titres de rente correspondant au capital accumulé par elle à l'époque du régime permanent. Si elle immobilise un capital de 8 milliards par exemple, ce seront 8 milliards de titres de rente qui auront cessé d'être entre les mains des créanciers particuliers de l'Etat et qui, immobilisés dans une caisse d'Etat, auront à vrai dire fait retour à l'Etat. Or, cette opération n'est autre qu'un amortissement de 8 milliards de la dette. »

Telle est la thèse. Mais la première question qui se pose est celle-ci : Y a-t-il vraiment amortissement dans le mécanisme qu'on nous expose ? N'y a-t-il pas là au contraire un simple artifice de comptabilité ? Remarquons en effet que dans le système que l'on nous propose, les intérêts des titres retirés de la circulation continuent à être dus et devront être payés par l'Etat aussi longtemps que fonctionnera l'institution d'assurance. La seule différence, c'est que les arrérages des rentes, au lieu d'être payés à des particuliers, seront payés à la Caisse des retraites, qui dans ce système est nécessairement une caisse d'Etat.

Mais « si conformément à l'usage, écrit M. Weber, on mesure la dette d'un Etat par le principal et non par les intérêts, on est en droit de dire que c'est un véritable amortissement, car le principal (capital nominal des titres) a fait retour à l'Etat ». Il est bien vrai en effet qu'on calcule généralement la dette des Etats en capital. Mais ce qui importe au point de vue pratique, au point de vue budgétaire, ce sont les charges réelles de la dette, c'est le paiement des arrérages. Par suite un amortissement qui porterait sur le capital sans réduire en rien les arrérages, ne saurait être considéré comme un véritable amortissement. Le capital des rentes perpétuelles en effet n'est jamais exigible juridiquement. Il y a donc bien peu d'intérêt pratique à ce que ce capital soit inscrit sur la tête d'un particulier ou sur le nom d'une caisse d'Etat.

Si donc on envisage principalement les intérêts, il n'y a pas amortissement proprement dit, mais il reste que le système du placement exclusif en valeurs d'Etat constitue une véritable application des dépenses budgétaires à une œuvre collective, une application d'anciennes dépenses à une institution nouvelle de paix et d'assurance sociales.

Il y a pourtant un cas où l'affectation des arrérages de la dette aux dépenses de l'assurance constituerait un amortissement réel et véritable ; c'est celui où pour une cause quelconque, la loi sur les retraites cesserait de recevoir son application, où la Caisse cesserait de fonctionner. Si nous supposons que cette liquidation se produise à l'époque du plein fonctionnement, voici en effet ce qui va se passer.

Au jour où la liquidation est déclarée, les recettes cessent brusquement. La Caisse ne possède à partir de ce moment, que le capital des réserves qui, augmenté de ses intérêts, va lui servir à payer jusqu'à la fin les dernières pensions échues ou à échoir. Mais il faut pour cela que ce capital soit disponible ; il faudrait que la Caisse se dessaisisse de ses titres en les replaçant à nouveau dans le public. Or c'est là une opération hasardeuse, « à moins que, dit M. Guieysse — et c'est là le point capital et désirable — à moins que l'Etat ne complète, en rachetant pour ainsi dire pour son propre compte les titres des caisses régionales, les sommes nécessaires pour faire le service des pensions. C'est la transformation de la dette perpétuelle, non en dette amortissable, mais en dette viagère, s'éteignant successivement avec les pensionnés des caisses régionales ».

Le calcul montre en effet, qu'à partir de la 55ᵉ année environ de la liquidation, l'Etat amortit réellement, annule des titres de rente pour des valeurs croissantes jusque vers la 85ᵉ année. A cette époque, dans la pensée de M. Guieysse, 12 milliards de la dette seraient réellement amortis par la suppression de 360 millions de rentes perpétuelles comme résultat des efforts du travail national.

Telle est la judicieuse mise au point de ces systemes d'amortissement effectuée par M. Guieysse, et qui en recule l'efficacité à une date fort problématique. Aussi, pour si séduisant que soit un amortissement qui ne coûterait rien à l'Etat, les Commissions de 1900 et de 1904 ne s'y sont-elles pas arrêtées. La possibilité lointaine d'un pareil amortissement en effet ne doit pas faire oublier la nécessité présente d'organiser les placements, et le tort, à nos yeux, de ces systèmes qui font luire le bénéfice d'un amortissement éventuel, c'est de conduire au placement exclusif en valeurs d'Etat.

Or, sans nier les mérites de ce genre de placements, et tout en reconnaissant que la part la plus large doit leur être réservée, nous croyons qu'il faut faire une place à des placements d'un autre genre. Au point de vue strictement financier d'abord, il y a intérêt, répétons-le, en présence d'une aussi grande accumulation de capitaux, à diversifier les placements. Il pourrait en effet y avoir pour l'Etat, pour son crédit futur, des inconvénients à ce que les sommes élevées recueillies chaque année par l'assurance, soient exclusivement employées sur le marché des rentes. De plus, il existe en dehors des valeurs d'Etats, d'autres valeurs ou placements présentant des garanties très sérieuses. De ce nombre sont les placements hypothécaires, les prêts aux grandes collectivités, les avances aux associations d'intérêt public, et certains placements en valeurs industrielles ayant fait leurs preuves.

Mais nous croyons surtout qu'en cette matière, le point de vue économique et social n'est pas à négliger. Il est inadmissible en effet à nos yeux, que la future Caisse des retraites soit traitée et gérée, comme l'est actuellement une caisse ordinaire d'assurance privée. C'est amoindrir le rôle et restreindre la portée de l'institution à créer que d'en faire un appareil automatique de distribution de rentes. Il y a,

croyons nous. plus et mieux à faire. Cette énorme accumulation de capitaux que l'on redoute. C'est une force qu'il
convient d'employer à des usages dont la population assurée et la nation tout entière puissent retirer quelque bénéfice. Par suite les placements sociaux, les prêts aux grandes entreprises de progrès agricole et industriel, aux œuvres
d'assistance et d'hygiène sociale, aux entreprises de travaux
d'utilité publique, doivent trouver leur place parmi les emplois des fonds de l'assurance. C'est le seul moyen de donner la vie à l'œuvre des retraites et de lui assurer le concours et la sympathie de tous. C'est le seul moyen de
répondre à ceux qui voient les capitaux accumulés nécessairement frappés de stérilité dans les caisses. C'est enfin la
véritable revanche de la capitalisation. qui fait que les sommes enlevées aux intéressés, leur sont rendues, bien avant
l'époque de la retraite, sous la forme multiple d'œuvres
d'hygiène, d'assistance et de progrès économique et social.

L'exemple de l'Allemagne montre d'ailleurs que cette
politique financière peut être conduite avec sagesse et que,
sous certaines conditions de garantie et de contrôle, elle ne
saurait constituer nécessairement un péril pour les organes
financiers de l'assurance. On ne saurait trop répéter à cet
égard, que ce ne sont pas les placements effectués par les
caisses allemandes, qui sont la véritable cause de la crise
qu'elles traversent. Nous croyons l'avoir suffisamment éta-
bli d'autre part.

En résumé, le problème de l'emploi des fonds, qui est
bien un des plus difficiles que soulève l'organisation de

l'assurance sous un régime de cap talisation, peut être un des plus intéressants, si l'on veut bien lui donner toute l'extension qu'il comporte et ne pas le réduire à une simple et sèche thésaurisation. C'est dans la voie indiquée par l'Allemagne que nous croyons en voir la solution.

Resterait, toujours au même point de vue, à voir quelle influence l'existence d'une caisse unique centralisée, ou de caisses multiples fortement décentralisées, peut exercer sur l'orientation des placements. Il y a là, en effet, deux questions connexes. Mais la question des caisses est en elle-même trop importante, et elle entraîne des considérations autres que purement financières, qui font qu'elle mérite une étude à part.

CHAPITRE II

Le service des retraites ouvrières, à raison de sa complexité particulière, de l'importance des charges qu'il entraîne, de la durée de ses engagements, exige comme organes des groupements assez vastes pour que les frais d'administration soient réduits au minimum, et que la population assurée par chaque groupement soit suffisamment étendue pour que les lois de probabilité s'y appliquent. D'autre part, ce service comporte des rapports constants et détaillés avec la population assurée, en ce qui concerne la perception des cotisations, l'instruction des demandes de rentes, les renseignements à recueillir sur place. L'assurance exige donc en même temps un service local d'administration et de contrôle.

En un mot, l'assurance ouvrière exige le recours à de vastes organes avec un système de décentralisation dans la perception et le contrôle.

Reste justement à savoir quels seront ces organes ? A qui l'Etat confiera-t-il le service administratif et financier de l'assurance ? S'en chargera-t-il lui-même et dans quelles conditions pourrait-il le faire ? Dans quelle mesure sera assurée la décentralisation nécessaire au bon fonctionnement du service des retraites? Telles sont les principales questions à résoudre.

Mais auparavant se pose une question de principe dont la solution permet de déblayer le terrain de l'une des solutions possibles du problème. C'est la question de l'obligation ou de la liberté du choix de l'assureur. La liberté consisterait ici, alors même qu'on aurait rendu l'acte de prévoyance obligatoire, à permettre à chacun de s'assurer à tel assureur de son choix qu'il le jugera convenable, par exemple à l'une des sociétés privées qui font actuellement le service de l'assurance sur la vie. Ce système est celui qui a été adopté en France pour les chefs d'entreprise, en ce qui concerne l'assurance contre les accidents du travail. Tout patron assujetti à la loi est obligé d'assurer ses ouvriers ou employés, mais cela posé, la loi le laisse libre de s'adresser à qui il veut pour la réalisation pratique de son assurance.

Ce système n'est pas admissible pour les retraites ouvrières. L'œuvre est ici trop vaste, la garantie est trop indispensable pour admettre une pareille liberté. Dans ce système d'ailleurs, l'Etat se déclarant responsable vis-à-vis des ouvriers de la déconfiture d'une société privée, cela reviendrait à laisser à l'Etat toutes les mauvaises chances de l'assurance, et à donner à des sociétés privées la possibilité de réaliser des gains en une matière qui n'en comporte pas.

Il ne saurait donc être question de cette liberté complète du choix de l'assureur qui consisterait à laisser l'initiative privée pourvoir à l'organisation du service des retraites. Il y a là une œuvre qui dépasse l'intérêt particulier et dans laquelle l'Etat a un rôle à jouer. Il est vrai que l'on pourrait concevoir l'Etat investissant officiellement les sociétés privées du service de l'assurance et, à raison de ce fait, exerçant sur leur administration un contrôle rigoureux. Mais alors ce serait là suppression de ce qui fait justement la valeur de ces sociétés, c'est-à-dire de leur souplesse. Et il n'en resterait pas moins que ces sociétés n'offriraient jamais de garanties suffisantes, et chercheraient par tous les moyens à tirer des bénéfices de leurs opérations.

Aussi cette combinaison n'est-elle pas soutenable. La liberté, si elle doit exister en ces matières, ne doit exister qu'entre certains organes spéciaux, adaptés par leur nature même à la satisfaction de l'œuvre sociale à accomplir, *et poursuivant un but désintéressé*. A côté du principe de la liberté du choix de l'assureur ainsi entendu, se place d'ailleurs le principe opposé des caisses obligatoires se superposant à l'obligation primordiale d'appartenir à une caisse. Ici la liberté des intéressés est restreinte soit à une caisse d'Etat unique, soit à un petit nombre de caisses privilégiées. Entre ces deux systèmes généraux il faut choisir. Et nous avons justement à examiner quelles sont les diverses combinaisons auxquelles se prête l'organisation financière de l'assurance, selon que l'on incline vers la solution libérale ou vers la solution obligatoire.

§ 1. — Les systèmes.

Si les sociétés privées d'assurance, qui sont des sociétés à but pécuniaire, ne paraissent nullement qualifiées pour remplir l'office d'organes des retraites ouvrières, il existe tout au moins déjà, en France particulièrement, des sociétés à caractère désintéressé qui s'occupent de prévoyance et d'assurance sociales, et qui déjà servent des pensions de retraite à leurs membres ; ce sont les Sociétés de secours mutuels. Aussi s'est-on demandé s'il était utile de créer de nouveaux organes, s'il n'était pas plus simple d'utiliser ces organisations déjà existantes et de leur confier le maniement de la nouvelle institution.

C'est là une idée qui a ses partisans passionnés parmi les mutualistes. On montre les progrès considérables de la Mutualité au cours de ces dernières années, et l'on prétend qu'il y a là le groupement tout trouvé pour servir d'organe à la nouvelle institution. On fait remarquer que la Mutualité assure déjà les ouvriers contre la maladie. Il y a par suite un intérêt d'unification à lui confier le service de l'assurance contre l'invalidité et la vieillesse qui a tant de rapports communs avec la première.

Il n'en est pas moins vrai que les Sociétés de secours mutuels constituent des groupements d'un caractère particulier, relevant pour partie de la bienfaisance, qui jusqu'à présent se recrutent par voie d'affiliation volontaire, qui choisissent leurs membres, et qui en fait ne réunissent que la partie aisée et moyenne de la population. Confier aux Sociétés de secours mutuels actuelles le service des retraites obligatoires, serait en faire éclater les cadres et en réalité au lieu de mettre le service des retraites dans la Mutualité, ·c'est au contraire la Mutualité que l'on élèverait et que l'on mettrait dans les retraites. De plus ce système ne pourrait aller sans une réorganisation des lois qui régissent actuellement les Sociétés de secours mutuels. L'Etat ne pourrait pas continuer à accorder à des sociétés chargées du service des retraites obligatoires, les diverses subventions qu'il leur octroie présentement à titre d'encouragement. Nous avons vu que la bonification à 4 1/2 0/0 des fonds des caisses mutuelles entraînerait pour l'Etat une charge constante de 360 millions de francs environ, en admettant encore que le taux réel des placements se maintienne au niveau de 3 0/0.

Pour toutes ces raisons, le service des retraites ne doit pas être confié purement et simplement aux Sociétés de secours mutuels actuelles. En Allemagne où la même proposition avait été faite, elle a toujours été repoussée. Il y va de l'intérêt même des sociétés mutualistes de ne pas persévérer dans cette prétention. La Mutualité a en effet sa valeur propre, mais elle a aussi son domaine dont elle ne doit pas sortir. Elle est essentiellement une œuvre d'initiative privée et d'association *volontaire.* C'est ce qui fait son grand mérite, mais c'est aussi ce qui fait qu'elle ne doit pas viser à devenir l'organe exclusif d'un système d'assurances *obligatoire.*

Reconnaissant les services qu'elles peuvent rendre, on peut seulement admettre que les Sociétés de secours mutuels concourent à titre auxiliaire au fonctionnement de la loi. Si ce concours n'était pas admis en effet, il en résulterait pour les affiliés de ces sociétés, eu égard aux engagements pris, aux droits acquis ou en cours d'acquisition, un véritable dommage.

La solutionr ationnelle consiste donc à faire des sociétés de secours mutuels des auxiliaires de l'organe principal, chargés de percevoir les cotisations, de payer les rentes, et d'une façon générale de servir d'intermédiaires entre la population assurée et les organes centraux. Mais il n'en reste pas moins vrai que pour une œuvre aussi complexe et aussi nouvelle que l'institution des retraites ouvrières, il faut une organisation nouvelle.

Etant entendu qu'il sera fait appel au concours des sociétés mutualistes, il reste à savoir quel sera l'organe spécial ou les organes spéciaux investis officiellement et essentiellement du service administratif et financier de l'assurance.

C'est ici que se pose la question de centralisation ou de décentralisation des organes de la nouvelle institution.

Deux grands systèmes sont en effet possibles : ou bien confier à une caisse d'Etat unique le service administratif et financier des retraites ouvrières, ou bien constituer de grands groupements des intéressés eux-mêmes, groupements doués d'une véritable autonomie et investis de tous les droits nécessaires pour assurer le fonctionnement de la nouvelle institution.

La premier système, création d'une Caisse nationale des retraites ouvrières, est par excellence un système de centralisation. Il consiste à faire gérer directement l'assurance par l'Etat, au moyen de ses propres fonctionnaires, de la même manière qu'est actuellement traitée la Caisse nationale des retraites pour la vieillesse. En fait d'ailleurs la Caisse nationale des retraites ouvrières serait annexée comme cette dernière à la Caisse des dépôts et consignations.

Les avantages de ce système d'une caisse d Etat unique, ce sont tous les avantages administratifs de la centralisation : unité de direction, économie de personnel et de frais généraux. Au point de vue financier, on se trouve en présence d'une caisse d'Etat. qui jouit du crédit de l'Etat lui-même, et qui par conséquent présente le maximum de garanties.

Il y a cependant quelques risques particuliers aux Etats, que n'encourt pas aussi directement une caisse indépendante. Sans parler des éventualités de guerre ou de révolution, il y a la tentation qui peut s'offrir à un gouvernement, à une époque de gêne financière, de mettre la main sur les ressources accumulées dans la Caisse des retraites.

Ce n'est d'ailleurs pas là le seul inconvénient d'une caisse d'Etat. Les principaux viennent de la centralisation même de ce système. Cette centralisation exerce une influence particulière sur les placements. Elle conduit en effet exclusivement aux placements en valeurs d'Etat, la caisse nouvelle étant appelée à opérer comme opère actuellement la Caisse des dépôts et consignations pour le placement des fonds des Caisses d'épargne. De plus, cette caisse centrale est nécessairement mal reliée avec la population assurée. Elle est à la fois très haut et très loin et il lui est difficile de suivre le fonctionnement de l'assurance dans le détail infini de ses manifestations locales. Toutes les affaires affluent chez elle et elle est souvent mal placée pour leur donner les solutions diverses et variées comme la vie sociale elle-même, qu'elles comportent suivant les régions, les cas et les espèces particulières. En un mot, la caisse centrale unique est placée trop loin pour bien administrer.

Pour pallier ces inconvénients évidents d'une caisse unique, on peut concevoir un système mixte, qui consisterait à adjoindre à la caisse centrale des caisses régionales, chargées de la partie matérielle du travail, de l'expédition des affaires courantes, et de la solution des petits différends, dans de grandes circonscriptions territoriales. Mais il faut bien observer, que du moment qu'il y a caisse centrale, ces caisses régionales n'ont aucune autonomie, aucune valeur, aucune autorité propres : ce sont de simples succursales en province de la caisse d'Etat. Celle-ci reste l'organe principal et centralisateur. C'est elle qui dirige, qui accorde les rentes, juge les plus gros différends. Enfin et surtout, dans ce système encore, c'est exclusivement la caisse centrale qui dirige les placements. Il n'est même pas certain que l'on éviterait par ce moyen la création de nouveaux emplois, car il semble difficile de confier à un des corps de fonctionnaires existants toute la charge d'un service tel que celui des retraites ouvrières.

Reste le grand avantage de sécurité qui provient dans ce système du crédit que l'Etat met au service de la caisse, par le fait même que celle-ci est une caisse d'Etat. Mais n'est-il pas possible de créer, en dehors de l'intervention directe de l'Etat, des organismes suffisamment vastes pour présenter toute la surface de garantie nécessaire?

Il y a en effet une deuxième solution, plus hardie et plus féconde, qui consiste à grouper les intéressés eux-mêmes dans un certain nombre de grandes caisses, de telle sorte que la solidarité établie entre tous les membres d'une même caisse soit le garant même des droits de chacun.

Le groupement solidaire des intéressés au sein de vastes organes autonomes présente en effet des avantages capitaux. D'une part, la réunion d'un nombre considérable d'assujettis à l'assurance, versant des cotisations et gérant eux-mêmes ces cotisations, offre des conditions de sécurité qui n'exigent pas un contrôle aussi rigoureux que celui que réclame l'administration des sociétés d'assurance privées. Les intéressés se contrôlent eux-mêmes les uns les autres et tous ont intérêt à la prospérité du groupement auquel ils appartiennent. D'autre part, ce système suppose l'existence d'une certaine autonomie, d'une certaine liberté d'action, qui favorise le développement des initiatives locales et particulières, et réalise des conditions de souplesse et d'économie que les organismes d'Etat ne sauraient offrir. Enfin ces groupements étant multiples, sont aussi décentralisés et apportent dans le service des retraites tous les avantages qui découlent de la décentralisation : avantage d'être sur place, de se trouver en rapports constants avec la population assurée, d'être gérés et administrés par des gens du pays desservi et des représentants directs des intéressés. Au point de vue financier, ces groupements

tendent par leur nature même et par leur esprit, à une utilisation beaucoup plus large et plus féconde des fonds de
l'assurance, notamment dans les œuvres d'intérêt local,
économique et social.

Ce groupement solidaire des intéressés peut d'ailleurs
être réalisé sous deux formes différentes, entre lesquelles
il faut encore choisir : le groupement professionnel ou le
groupement territorial.

1° *Le groupement professionnel.*

Le groupement professionnel rapproche les membres des
mêmes métiers ou des professions similaires. Il aboutit à la
création de « *Caisses professionnelles* » par grande branche
d'industrie. Ce groupement a un très haut caractère de solidarité, et il présente au point de vue technique de notables
garanties. Cependant il ne peut guère s'appliquer que dans
les branches d'industrie assez bien définies et assez vastes
pour donner à l'assurance une base précise et large. Or,
nombre de professions échappent à toute classification ou
sont susceptibles de classifications diverses. D'autre part,
telle industrie très spécialisée compte cependant un nombre
de membres insuffisant pour donner une surface à l'assurance professionnelle. Un autre inconvénient dérive dans ce
système de la dissémination des établissements d'une même
industrie sur toute la surface du pays, qui engendre des difficultés évidentes d'administration. Enfin au point de vue de
la sécurité financière, si l'on suppose une crise économique
affectant toute une branche d'industrie, la caisse profession-

nelle de cette industrie se trouvera touchée sans pouvoir s'appuyer sur le crédit des autres industries, et sans qu'il existe aucune solidarité des industries du pays entre elles.

Aussi le groupement professionnel n'est-il pas un système d'une portée pratique générale. Il y a pourtant des industries où l'institution de caisses de retraites est déjà ancienne, déjà même réglementée officiellement, et où le service des retraites fonctionne d'une manière très satisfaisante. Il en est ainsi notamment dans les mines où la retraite est obligatoire, et dans les chemins de fer. Il y a alors un intérêt, même si l'on n'adopte pas un système général de caisses professionnelles, à ne pas bouleverser les organismes existants, et à leur réserver dans l'assurance la place qu'ils méritent de tenir. C'est ce que font généralement toutes les législations positives. Quel que soit donc le système général adopté, à côté de l'organisation principale, il y a place pour l'existence de caisses professionnelles autonomes ayant déjà fait leurs preuves, présentant pour l'avenir toutes les conditions de sécurité désirables, et capables de fournir les mêmes prestations que l'organe principal de l'assurance.

2° *Le groupement territorial.*

Le groupement territorial consiste à rapprocher tous les ouvriers et employés d'une région déterminée, choisie comme circonscription administrative, quelle que soit la branche du travail dans laquelle ils sont occupés. Ce système se traduit pratiquement par la création d'un certain nombre de « *Caisses régionales* » indépendantes et douées en principe de l'autonomie administrative et financière la plus étendue. Ce système des caisses régionales est d'ailleurs parfaitement distinct de celui qui consiste à créer une caisse d'Etat centrale assistée de succursales régionales. Ici il n'y a pas de caisse d Etat. pas de caisse centrale. Chaque caisse reçoit séparément les versements de la population que'lle administre, chaque caisse faire valoir ces versements d'une façon indépendante, liquide et sert les pensions qui viennent à échéance, procède librement au placement de ses fonds.

Ce groupement s'impose pour les industries dont les limites sont mal déterminées Il suppose évidemment autant d'administrations distinctes qu'il y a de caisses organisées. Mais il présente en revanche tous les avantages de la décentralisation qui en la matière sont capitaux. Ce sont d'abord les rapports entre les caisses et la population assurée qui étant plus étroits sont mieux organisés. Chaque caisse, étant placée à proximité de ses administrés, est à même de gérer avec plus d'économie et de souplesse, de parer aux dissimulations et aux fuites, de poursuivre plus aisément le recouvrement des cotisations. Si sa population est suffisante, sa sécurité financière doit l'être aussi. Et cette sécurité est accrue du fait que chaque caisse comprend des éléments d'ordre très différent. Ici le malaise d'un groupe d'industries n'entraîne pas nécessairement la gêne ou la faillite de la caisse, car il peut être compensé dans la même région par la prospérité de toutes les autres industries. Les caisses régionales paraissent donc à l'abri des crises passagères mais fréquentes qui sévissent tour à tour sur les diverses industries d'un pays.

Mais c'est surtout au point de vue de l'emploi des fonds de l'assurance que se manifeste le rôle des caisses régionales. Les administrateurs de ces caisses en effet connaissent la situation économique de leur circonscription, et sont mieux à même que quiconque de découvrir les placements rémunérateurs. Ils orientent naturellement leurs emplois de fonds vers les valeurs locales et les placements sociaux, réalisant ainsi plus parfaitement qu'aucun autre type d'organes l'adaptation de l'assurance à la vie économique et sociale tout entière.

Il ne saurait être question d'ailleurs pour les caisses régionales d'une autonomie absolue. Le contrôle supérieur de l'Etat doit se faire sentir dans leur gestion ; mais ce contrôle doit être plutôt une œuvre de coordination et de surveillance, ce ne doit pas être une tutelle au sens administratif du mot. Sous cette réserve, il semble bien, au point de vue théorique, que le groupement mutuel des intéressés soit préférable à l'institution d'une caisse d'Etat, et que, sauf pour les industries déjà fortement organisées, le groupement territorial doive l'emporter sur le groupement professionnel. Mais il importe ici aussi de consulter les faits. Nous commencerons par l'expérience allemande.

§ — Les faits.

1° *L'organisation allemande de l'assurance-invalidité.*

En Allemagne, lorsque se posa la question de savoir à quels organes serait confiée la gestion de l'assurance-invalidité, on se demanda si dans un intérêt de fusion, de coordination des diverses branches de l'assurance ouvrière, il ne convenait pas de confier cette mission à l'un des organismes déjà créés, aux sociétés de secours mutuels déjà chargées de l'assurance-maladie, ou aux corporations patronales qui font le service de l'assurance-accidents.

Mais cette solution, séduisante au point de vue théorique, ne fut jamais celle des intéressés, ni celle du gouvernement. En fait, la question d'organisation ne se posa qu'entre la création d'une Caisse d'Empire unique, ou la création de Caisses régionales autonomes. Chose curieuse, ce fut la grande industrie qui réclama la Caisse centrale unique ; le gouvernement impérial au contraire soutint la cause des Caisses territoriales et finit par la faire triompher. Il y avait d'ailleurs déjà un précédent en faveur de la décentralisation. Pour l'assurance-accidents, où la même question s'était posée, on avait déjà écarté la solution d'une caisse unique. De même ici, le gouvernement annonça qu'il reculait devant la création d'un nouveau corps de fonctionnaires. Le particularisme des Etats allemands intervint enfin dans la question, et le système des Caisses régionales fortement décentralisées, dotées d'une grande autonomie administrative et financière l'emporta.

A côté des Caisses territoriales, on fit cependant une place aux Caisses professionnelles des grandes industries, déjà existantes, et qui présentaient des conditions de solidité et des garanties suffisantes. Ces Caisses qui se rencontrent principalement dans l'industrie des mines et des chemins de fer sont actuellement au nombre de 9.

Les Caisses régionales sont au nombre de 31, correspondant généralement à des circonscriptions territoriales ou administratives. Elles ont une existence indépendante de celle de l'Etat ou de la Province dont elles empruntent les limites, mais en cas d'insolvabilité, c'est cependant la Province ou l'Etat fédéré qui sont responsables de leurs engagements. A ce titre, les caisses fonctionnent sous la surveillance des autorités supérieures de la Province ou de l'Etat qui les cautionnent, et en outre sous le contrôle supérieur de l'Office impérial des assurances, organe de coordination dont le siège unique est à Berlin. Malgré l'existence de ces divers contrôles, la caractéristique de ce système, c'est la décentralisation et l'autonomie. Les intéressés jouent d'ailleurs un rôle actif dans le fonctionnement des caisses.

Pourtant l'indépendance des caisses les unes vis à-vis des autres, n'est pas complète. Dès 1889 on a éprouvé le besoin d'établir entre elles une certaine solidarité. En principe, en effet, la charge de toute rente accordée pèse sur la caisse qui a reçu les dernières cotisations de l'assuré. Mais en fait, au cours de sa carrière, l'ouvrier cotise à différentes caisses. Pour tenir compte de ce fait, on décida que la charge de la rente serait répartie, selon les indications du Bureau de calcul de l'Office impérial, entre les différentes caisses qui avaient reçu les cotisations du retraité, proportionnellement aux cotisations reçues par chacune.

Telle est l'organisation initiale. Qu'a-t-elle produit au cours de la période écoulée ? Au point de vue administratif il n'y a qu'à se louer des services qu'elle a rendus. Cette forme décentralisée a évité bien des froissements entre les Etats fédérés, les autorités locales, et le pouvoir central. Au point de vue social, le succès des Caisses régionales n'a pas été moins grand. Très près de la population assurée, à laquelle elles empruntent une partie de leur personnel, les caisses ont rendu à la population ouvrière tout entière d'inappréciables services ; elle sont entrées dans le vif de la vie locale et sociale.

Mais quels ont été les résultats financiers de cette dé-centralisation et de cette autonomie financière des caisses allemandes ? Ces résultats ont été très inégaux, en ce sens que si un certain nombre de caisses se sont trouvées dans un état de prospérité très grande, un nombre important d'autres caisses ont vu leur situation présenter des symp-tômes alarmants et accuser un déficit. Ce fait tient en effet à la répartition territoriale des caisses et à la composition de la population assurée et retraitée, qui varie selon la contrée desservie. La situation faite aux caisses des régions très peuplées et très industrielles est en effet toute différente de la situation des caisses des régions principalement agri-coles La mortalité suit des lois différentes dans ces deux catégories de population, et il se trouve que c'est justement dans la population agricole, qui paie le moins de cotisations, que se rencontre le plus grand nombre de retraités. On vit plus vieux à la campagne qu'à la ville ; c'est là un fait qui impose aux caisses des contrées agricoles des charges beau-coup plus lourdes que celles des caisses urbaines.

Aussi s'est-il produit, dans la façon dont les charges se

répartissent entre les diverses Caisses régionales, une rupture d'équilibre. Tandis que certaines caisses accusaient des
excédents considérables, la plupart des autres accusaient
un déficit, qui menaçait de s'aggraver avec le temps.

Cette situation devenait assez sérieuse pour motiver l'intervention du gouvernement. Dès 1897, le gouvernement
impérial chercha dans un premier projet à répartir d'une
façon plus satisfaisante les charges de l'assurance entre les
différentes caisses. Il aboutit seulement en 1899.

Des calculs faits à cette époque, il résultait que, au
1er janvier 1900, l'ensemble de l'assurance allemande était
loin d'être en déficit, puisque les caisses, tant régionales
que professionnelles, se trouvaient disposer de 746 millions
de marcs pour couvrir des capitaux représentatifs évalués
à 300 millions de marcs seulement. Mais il se trouvait d'autre part, que des caisses comme celle de Berlin qui avait
accumulé 45 millions de marcs de réserves, ou celle de la
province du Rhin qui en possédait 77 millions, n'étaient
engagées respectivement que pour 5 millions 1/2 et pour
25 millions, tandis que des caisses comme celle de la Prusse
orientale ou celle de la Basse-Bavière n'accusaient qu'un
capital de 7, 8 millions ou de 3, 4 millions, contre des engagements respectifs de 18 millions et de 4, 7 millions de
marcs. Ainsi certaines caisses présentaient un déficit mathématique et étaient menacées de ne pouvoir tenir leurs
engagements.

Après de longues tergiversations, on chercha le remède
dans la création d'une « *charge commune* » et d'une « *charge*

péciale » des Caisses régionales. Dans ce nouveau sys-
ème, chaque caisse gère ses capitaux comme par le passé,
ais elle tient une comptabilité distincte pour les deux
charges. La première, la *charge commune*, comprend les
2/3 des rentes de vieillesse, les valeurs fondamentales des
rentes d'invalidité, les majorations de rentes correspondant
aux semaines de maladie. Toutes les autres charges constituent la *charge spéciale* de chaque caisse. La *charge commune* est couverte par l'affectation des 4/10 des cotisations
au compte « *fonds commun* » (à dater du 1er janvier 1900
seulement, le capital accumulé jusque-là restant tout entier
à la disposition de la caisse). Le Conseil fédéral peut d'ailleurs modifier cette proportion, si elle devient insuffisante.

Cette nouvelle législation constitue une atteinte à l'autonomie primitive des caisses, qui n'ont pas manqué de pro-
tester. Mais elle se justifie parfaitement, par la nécessité de
sauvegarder l'avenir des caisses les moins favorisées. On
voit ainsi que le système de l'autonomie absolue engendre
des inconvénients que l'expérience met en lumière.

En somme le service des retraites est un service national,
il ne faut pas que les organes de ce service s'ignorent les
uns les autres. On conçoit donc la nécessité de coordonner
dans une certaine mesure tous les efforts, toutes les ressources et toutes les charges et de tisser un lien de solidarité par-
dessus la trame des initiatives particulières de chaque caisse.
Là est peut-être en effet la solution définitive du problème de
l'organisation : décentralisation administrative et décentralisation aussi en ce qui concerne le placement des capitaux.

mais solidarité financière de toutes les caisses en ce qui concerne la tenue des engagements et la répartition des charges de l'assurance. Par-dessus le tout, contrôle supérieur du pouvoir central exercé dans un large esprit de sauvegarde des intérêts les plus généraux de l'œuvre des retraites.

Pour ce qui est de la situation embarrassée de certaines caisses allemandes, cette situation ne tient pas essentiellement à leur organisation décentralisée. Les causes en sont multiples et doivent être cherchées, nous l'avons déjà dit, dans l'insuffisance du contrôle local d'une part, et dans l'allocation inconsidérée ou exagérée des rentes d'invalidité et des secours divers d'autre part. Pas un instant du reste, depuis le vote de la première loi, le gouvernement allemand n'a cesser de préférer la décentralisation au système de la Caisse unique. « Même lorsque des différends s'accusent entre la situation financière des diverses caisses, écrit **M. E. Fuster** (1), il ne croit pas que le remède doive être cherché dans la centralisation. Il ne perd pas une occasion, au contraire, de rendre hommage aux caisses : « Si cette loi, exceptionnellement difficile à appliquer, l'a été si rapidement et relativement sans frottements sensibles, c'est bien aux administrations provinciales autonomes que nous le devons », proclame au cours de la lecture du projet de 1899 le Ministre de l'intérieur. »

Aussi pensons-nous que les leçons de l'expérience allemande, malgré une situation financière quelque peu tendue

(1) V. Ed. Fuster, *Rapport sur les retraites ouvrières en Allemagne*, p. 13.

sur certains points, ne sont pas défavorables au système des
Caisses régionales autonomes. Et par ailleurs ce système
présente assez d'avantages pour pouvoir être préféré au
système centralisateur de la Caisse unique.

2° *Les solutions des projets français.*

Ces résultats favorables du système allemand, sur le terrain économique et social principalement, ont certainement
frappé les auteurs des premiers projets de loi français, car
l'organisation de caisses régionales se rencontre dans un
grand nombre de ces projets. Beaucoup ont vu là une occasion de faire un peu de cette décentralisation dont on parle
tant, mais qu'on ne pratique guère et de faire profiter le
pays tout entier du placement des capitaux accumulés par
l'assurance.

Quand ce ne sont pas des caisses régionales, ce sont des
caisses professionnelles que ces premières propositions
chargent du service des retraites ouvrières. C'est ainsi que
le projet de loi présenté par M. Maruéjouls au nom du gouvernement, en 1898, organisait un système exclusif de
caisses industrielles.

Peu après, une des propositions de loi les mieux étudiées,
celle de M. Louis Ricard, soumettait au Parlement un
système basé sur la création de caisses régionales, avec
existence parallèle de certaines caisses professionnelles.

Mais la tentative la plus caractérisée faite dans ce sens est
celle du projet de la Commission d'assurance et de prévoyance sociales de 1900, dont M. Guieysse fut le rapporteur.

L'article 18 dudit projet stipulait en effet : « Le service
de l'assurance au décès et des retraites ouvrières prévues
par la présente loi est assuré par 20 caisses régionales d'assurances et de retraites qui sont des établissements publics
jouissant de la responsabilité civile. »

Et pour justifier ce système, M. Guieysse rappelle les observations si judicieuses présentées par M. L. Ricard dans
un passage de l'exposé des motifs de sa proposition de loi,
qui est à citer : « Les projets antérieurs soumis au Parlement, y était-il dit, portaient tous création d'une caisse
centrale annexée à la Caisse des dépôts et consignations
ou à la Caisse nationale des retraites pour la vieillesse.
Cette caisse assurait le service tantôt seule, tantôt par l'intermédiaire de caisses régionales. Ce système a de sérieux
inconvénients déjà signalés. — Si la Caisse centrale agit
seule, les capitaux versés s'accumulent dans cette seule
caisse, il devient difficile de trouver pour ces capitaux des
placements suffisamment rémunérateurs ; de plus, comme
la rente française est la seule valeur qui serve aux placements de fonds, le loyer de l'argent peut baisser dans des
proportions très appréciables. On a bien essayé de remédier
à cette accumulation par la création de caisses régionales,
et à cette dépréciation possible en multipliant le choix des
placements des capitaux ; mais il ne nous semble pas qu'on
ait jusqu'ici trouvé le moyen de procurer à ces fonds des
emplois très rémunérateurs Or c'est là un point capital si
l'on veut assurer le service des pensions dans des conditions
qui ne deviennent pas onéreuses pour l'Etat, puisque c'est
sous sa garantie qu'il fonctionnera. »

« Nous proposons de faire des caisses régionales les organes *principaux* du service des retraites. Elles sont chargées de recevoir les versements, de les placer, de liquider les pensions soit de vieillesse soit d'invalidité. Il n'y a pas de caisse centrale : chacune des caisses est indépendante et peut faire tous les actes de gestion et d'administration nécessaires dans la circonscription qui lui a été assignée. »

Et à titre de commentaire, voici ce que M. Guieysse ajoutait : « Quoi qu'il en soit, le système des caisses régionales est le seul qui puisse permettre la meilleure utilisation de la richesse publique. Si l'on est *a priori* effrayé des difficultés de placements en toute sécurité, en dehors des fonds d'Etat ou valeurs garanties par l'Etat, il y a pourtant pour les économistes un problème bien tentant et dont la solution est capitale pour la mise en œuvre de nos ressources industrielles, agronomiques et commerciales. »

« Que ne peut-on faire avec un capital de 12 milliards, s'écrie M. Guieysse, quand on songe à tout ce qui est à créer dans notre pays comme améliorations foncières, comme grands travaux de toute nature. En un siècle la fortune de la France a monté de 60 à 220 milliards et la production s'est élevée de 4 à 28 milliards. Ce mouvement ascendant n'est pas près de s'arrêter... »

Les idées qui ont inspiré ces paroles enthousiastes ne sont pourtant pas celles qui ont triomphé dans la suite, c'est-à-dire dans le projet de 1904 et en 1906 devant la Chambre.

Les Ministres des finances en effet ont toujours été hostiles à cette innovation des caisses régionales qu'ils considèrent comme dangereuse et perturbatrice. Se plaçant au point de vue purement technique et financier, ils affectent de voir la gestion de la future caisse des retraites, comme pareille à celle d'une assurance privée, et n'admettent d'autres organes qu'une caisse d'Etat centralisée. et d'autres placements que les placements en valeurs d'Etat.

Il semble bien, en tous cas, que c'est sur les instances et les observations du Ministre des finances que la Commission de 1904 a cru devoir abandonner le système fécond des caisses régionales pour adhérer au système de la caisse d'Etat.

L'article 8 du projet dispose en effet :

« Il est institué, sous la garantie de l'Etat, une Caisse nationale des retraites ouvrières, dont la gestion administrative est placée sous l'autorité du Ministre du commerce et dont la gestion financière est confiée à la Caisse des dépôts et consignations. »

Mais du moins la Commission a-t-elle reculé devant la création d'une caisse unique obligatoire, et à côté de l'institution d'une caisse d'Etat, elle a posé très largement le principe de la liberté du choix de l'assureur. En conséquence, les Sociétés de secours mutuels. les Caisses patronales ou syndicales, les Caisses d'épargne, les Sociétés privées d'assurance sur la vie elles-mêmes, sont admises, sous certaines conditions, à recevoir des versements, à gérer les fonds en provenant, et à faire le service des retraites Les Sociétés de secours mutuels autorisées à faire ce service, seront celles qui rempliront les conditions déterminées par un règlement d'administration publique. La décision qui leur accorde cette faculté est le résultat de longues discussions dans lesquelles la Mutualité a invoqué le principe de la liberté, et a fait valoir les services rendus par elle. Sous certaines conditions également, sont admis les syndicats patronaux, divers établissements civils et militaires, les départements, communes et établissements publics. Enfin la même faculté est accordée aux Caisses d'épargne ordinaires et aux Sociétés d'assurance sur la vie, mutuelles ou à primes, à charge, pour ces dernières, de se soumettre au préalable à la surveillance et au contrôle de l'Etat.

Qu'il s'agisse des unes ou des autres de ces sociétés, l'emploi des fonds sera déterminé par un règlement d'administration publique rendu sur la proposition des Ministres du commerce et des finances, après avis du Conseil supérieur des retraites ouvrières.

Une certaine solidarité financière est en outre établie entre ces diverses organisations. Sur toutes les sommes reçues, en prévision des déficits qui pourraient se produire dans leur gestion, lesdites caisses ou sociétés doivent effectuer immédiatement un prélèvement pour la constitution d'un fonds spécial de garantie, administré, sous l'autorité du Ministre du commerce, par la section permanente du Conseil supérieur des retraites ouvrières, et géré par la Caisse des dépôts et consignations.

C'est également cette solution qui paraît avoir prévalu dans l'opinion de la Chambre, lors des débats de 1906. Et

il est certain que si l'on écarte le système des caisses régionales, c'est bien la combinaison pratique qui paraît être
la meilleure. Pour éviter tous les excès de la centralisation qu'entraînerait la création d'une caisse unique obligatoire, il convient en effet de faire appel aux diverses institutions d'initiative privée. On a alors un système mixte
qui combine les solutions étatistes et libérales, et qui est
encore une manière de décentraliser. Mais on peut estimer
qu'à ce point de vue ce n'est pas la meilleure ; c'est plutôt
une façon de déconcentrer.

Cette solution d'ailleurs a été inspirée à l'instigation des
Sociétés de secours mutuels, qui s'accommoderaient mal
d'un système de caisses régionales créées en dehors d'elles
ou par lesquelles elles seraient fatalement absorbées. Or,
la Mutualité est à l'heure actuelle en France une grande
force, force agissante et progressante, avec laquelle il faut
compter. Et il est évident que le principe de la liberté du
choix de l'assureur a été principalement posé en sa faveur.

Comme conclusion, nous nous bornerons à faire remarquer une fois de plus, que le principal écueil des systèmes
de capitalisation est l'accumulation énorme de capitaux qui
en résulte, accumulation qui ne ressemble en rien aux
accumulations restreintes qui existent déjà dans certaines
caisses. Or la solution la meilleure, la plus adéquate de la
question de l'emploi de ces capitaux, nous paraît être la
création de caisses régionales décentralisées et douées d'une
certaine autonomie financière. Que si, dans ces conditions,
la rigueur des principes financiers s'alarmait de ces libertés

et de cette hardiesse, nous répondrions que dans une œuvre comme celle des retraites ouvrières, qui est au premier chef une œuvre sociale, ce ne sont pas les considérations financières seules qu'on doit avoir en vue, mais qu'il faut tenir compte aussi des considérations économiques et sociales. Il faut se garder, à notre avis, d'assimiler le service des retraites ouvrières à une assurance d'ordre privé ordinaire. A cette condition seulement on fera une œuvre féconde, capable de rendre tous les services que la population ouvrière est en droit d'attendre d'elle.

QUATRIÈME PARTIE

DES VOIES ET MOYENS D'ORDRE BUDGÉTAIRE NÉCESSAIRES POUR ÉQUILIBRER LA REFORME AU REGARD DE L'ÉTAT

CHAPITRE PREMIER

LES CHARGES DE L'ÉTAT.

Parmi les causes les plus actives de l'extension bien moderne des attributions de l'Etat, la politique dite sociale suivie par les pays civilisés figure au premier rang Il n'est pas en effet une seule réforme qui ne se traduise par une complication ou une extension des rouages administratifs, pas une qui n'impose à l'Etat de nouveaux sacrifices. Aussi, au point de vue financier, la politique des réformes se traduit-elle par une augmentation continue des dépenses publiques.

Il y a là un fait patent dont il est vain de discuter la portée. Les avantages économiques et sociaux d'une bonne réforme compensent largement les sacrifices financiers que le pays s'impose à son sujet. Il s'agit seulement de savoir qui doit payer les frais de cette politique sociale, à quelles sources on doit s'adresser de préférence pour faire face aux dépenses nouvelles mises à la charge de l'Etat. Il s'agit en un mot d'équilibrer budgétairement la réforme, après lui avoir donné sa vie administrative et financière propre.

Or, quel que soit le projet envisagé, l'organisation des retraites ouvrières imposerait au budget français des charges nouvelles considérables. Il n'est pas inutile de rappeler ici quelles sont ces charges, et quel en est le montant d'après les derniers projets ou textes votés.

Les charges de l'Etat ont dans tous ces projets quatre ·sources principales :

1º la majoration des pensions de vieillesse et d'invalidité ;

2º Les allocations payées aux veuves et aux orphelins, en cas de décès du chef de famille ;

3º Les dépenses résultant du bénéfice des dispositions transitoires ;

4º Les frais de gestion et d'administration de la caisse d'Etat.

L'importance de ces quatre chefs principaux de dépenses varie d'ailleurs selon les projets et suivant le taux des majorations et allocations accordées. Mais les charges les plus élevées sont celles qui dérivent des dispositions transitoires. Ces dépenses en effet sont au compte exclusif de l'Etat, et elles consistent à payer des pensions à de vieux ouvriers qui n'ont fait aucun versement ou qui n'ont fait que des versements insuffisants. Le caractère de ces dépenses de la période transitoire, c'est de suivre une progression très accentuée, de passer par un maximum très élevé aux environs de la 30ᵉ à la 35ᵉ année, pour retomber ensuite et aboutir à zéro vers la 80ᵉ ou la 85ᵉ année de fonctionnement. Jusqu'à ce que ce terme soit atteint, c'est-à-dire pendant de longues années, ces charges s'ajoutent aux dépenses normales résultant des majorations des pensions de vieillesse, de la liquidation anticipée de ces pensions en cas d'invalidité, et des secours en cas de décès. Enfin il faut ajouter à cela les frais de gestion, qui, dans un système où la caisse d'Etat joue le rôle d'organe principal de l'assurance, incombent nécessairement à l'Etat. Ces frais ont également une tendance à augmenter pendant les premières années d'application de la loi.

Si maintenant on se reporte au projet arrêté en 1904 par la Commission d'assurance et de prévoyance sociales, on constate que les allocations prévues pour la période transitoire sont de 50 francs la première année ; puis elles augmentent de 4 francs chaque année jusqu'à ce qu'elles atteignent le maximum de 120 francs pour les travailleurs du commerce et de l'industrie et de 100 francs pour les travailleurs de l'agriculture. Ajoutons que pour la période transitoire, l'âge de jouissance est fixé à 65 ans au début, mais qu'il s'abaissera par paliers jusqu'à l'âge de 60 ans.

En ce qui concerne le régime normal, les pensions de vieillesse du commerce et de l'industrie, acquises à l'âge de 60 ans, sont majorées en principe de 120 francs, et jusqu'à concurrence de 360 francs de retraite totale, qui représentent le minimum garanti par l'Etat. Pour les pensions de l'agriculture, la majoration est de 100 francs.

jusqu'à concurrence du minimum de 240 francs de retraite totale. Les rentes d'invalidité sont majorées jusqu'à concurrence de 200 francs et avec un maximum de sacrifice de 100 francs pour l'Etat. Enfin, en cas de décès du chef de famille, il est payé 6 mensualités de 50 francs à la veuve et aux enfants mineurs.

Sur ces bases, la charge annuelle totale s'élèverait pour l'Etat aux chiffres fournis par le tableau suivant (1) :

ANNÉES	INDUSTRIE ET COMMERCE		AGRICULTURE		TOTAL	
1re	16.1 mill. de fr.		18.4 mill. de fr.		34.5 mill. de fr.	
2e	17.6	—	19.5	—	37.1	—
3e	19.8	—	21.1	—	40.9	—
4e	21.9	—	22.5	—	44.4	—
5e	24	—	23.8	—	47.8	—
6e	26.1	—	25.2	—	51.3	—
7e	28.9	—	26.9	—	55.8	—
8e	30.8	—	28.7	—	59.5	—
9e	34.5	—	30.6	—	65.1	—
10e	37.7	—	32.3	—	70	
11e	47.6	—	37.7	—	85.3	—
12e	54.2	—	42.1	—	96.3	—
13e	61.3	—	46.1	—	107.4	—
14e	69.2	—	49		118.2	—
15e	76.3	—	51.5	—	127.8	—
16e	83.3	—	53.5	—	136.8	—
17e	91.4	—	55.7	—	147.1	—
18e	108.3	—	62.5	—	170.8	—
19e	114.8	—	64.3	—	179.1	—
20e	118.9	—	65.8	—	184.7	—
25e	140.2	—	77.6	—	217.8	—
30e	142.4	—	86.7	—	229.1	—
35e	133	—	105.4	—	238.4	—
40e	104.9	—	109.3	—	214.2	—
45e	78.1	—	103.8	—	181.9	—
50e	58.2	—	89.6	—	147.8	—
60e	38.1	—	68.1	—	106.3	—
70e	34.4	—	60.1	—	94.5	—
80e	34.3	—	59		93.3	—

Régime constant

(1) V. P. Guieysse, op. cit., p. 127.

Ainsi d'après ce projet, modéré dans ses dispositions, la charge totale de l'Etat part de 35 millions environ, passe par 238,4 millions au bout de 35 ans, pour aboutir à 93,3 millions en régime constant.

Sensiblement plus élevées sont les charges qui résultent du texte voté par la Chambre au mois de février 1906. Cela tient à ce que le chiffre des diverses allocations et majorations a été augmenté, l'âge de la retraite abaissé uniformément à 60 ans, et le bénéfice de la loi étendu à de nouvelles catégories de population, aux domestiques attachés à la personne notamment.

Le minimum de retraite garanti est toujours de 360 francs pour les salariés du commerce et de l'industrie ; il devient aussi celui des salariés de l'agriculture. Rien n'est changé au tarif des allocations en cas de décès. Au contraire les dépenses de la période transitoire sont considérablement augmentées. L'allocation initiale est en effet portée à 120 francs (au lieu de 50 dans le projet de 1904), payables aux travailleurs actuellement âgés de 60 ans. Cette allocation croît ensuite proportionnellement aux années de versement et finit par atteindre le minimum garanti de 360 fr. au bout de 30 années de fonctionnement. Enfin l'Etat prend à sa charge les versements dont il dispense les travailleurs dont le salaire journalier est inférieur à 1 fr. 50.

Dans ces conditions, et pour les chiffres de population cités précédemment (1), les charges nouvelles de l'Etat seraient les suivantes :

(1) Voir ci-dessus, p. 34 et 35.

I. — *Commerce, industrie, domestiques.*

1° *Etat initial* :

Majorations de 120 francs.	99.800,000 francs
Indemnités de décès	7.500.000 —
Total	107.300.000 francs

2° *Etat constant* :

Majorations des pensions de 1.700.000 retraités	17.700.000 francs
Indemnités de décès	7.500.000 —
Total	25.200.000 francs

En outre, la suppression de tout prélèvement sur les salaires journaliers inférieurs à 1 fr. 50, entraîne une diminution de recettes de 1.800.000 francs, représentant une charge en capital de 4.500.000 francs. La charge totale pour l'état constant est donc de . . . . 30.200.000 francs

3° *Etat maximum* :

Allocations et majorations . . .	153.400.000 francs
Indemnités de décès	7.500.000 —
Non-versement des annuités. . .	4.500.000 —
Total	165.400.000 francs

II. — *Agriculture.*

1° *Etat initial.*

Allocations de 120 francs. . . .	98.600.000 francs
Indemnités de décès	4.000.000 —
Total	102.600.000 francs

2° *Etat constant* :

Majorations de pensions	96.400.000	francs
Indemnités de décès	4.000.000	—
Non-versement des annuités. . .	22.500.000	—
Total	122.900.000	francs

3° *Etat maximum* :

Allocations et majorations . . .	137.400.000	francs
Indemnités de décès	4.000.000	—
Non-versement d'annuités . . .	22.500.000	—
Total	163.900.000	francs

III. — Enfin le texte de 1906 faisait une large place à l'assurance facultative des petits patrons et des petits exploitants de la terre, pour laquelle on s'était livré à quelques évaluations forcément très approximatives.

Au total, les charges de l'Etat, d'après ce texte, peuvent se résumer dans le tableau suivant :

	Commerce, industrie, domestiques	Salariés de l'agriculture	Métayers, fermiers, etc.	Totaux
Etat initial . . .	107.300.000	102.600.000	38.000.000	247.900.000
Etat maximum . .	165.400.000	163.900.000	32.000.000	362.100 000
Etat constant . . .	25.200.000	122.900.000	9.400.000	157.500.000

Or les charges, d'après le texte primitif de la Commission, étaient les suivantes :

Etat initial	48.000.000
Etat maximum	227.900.000
Etat constant	82.800.000

On voit quelles modifications le texte voté a apportées à ces prévisions. Cela est sensible surtout pour les dépenses de l'état initial qui passent brusquement de 48 millions à 247.900.000. Or ce sont les dépenses les plus gênantes, ce sont celles dont dépend en quelque sorte le sort même de la loi, et l'on peut affirmer que ce chiffre, qui résulte d'un vote émis en fin de législature, tendrait à reculer toute solution, s'il n'était permis de penser que la Chambre elle-même reviendra à une plus saine appréciation des sacrifices qu'il est possible de demander à l'Etat, pour la mise en application immédiate de la loi des retraites.

Il faut remarquer en outre que, dans les évaluations ci-dessus, il n'est pas question des frais de gestion Or ce n'est point là une quantité négligeable. En l'absence de toute donnée, il est difficile de faire ici une approximation, même lointaine. L'expérience de l'Allemagne nous montre cependant que ces frais s'élèvent à plusieurs millions, et il n'est pas douteux qu'il y a là un élément de charges, dont il faudra bien tenir compte, lorsqu'on sera fixé sur son importance.

Enfin les dépenses que nous venons d'énumérer ne sont que les dépenses *apparentes*. Mais tous les calculs faits et les chiffres produits, le sont pour le cas et dans l'hypothèse où le taux de l'intérêt des placements resterait constant. On suppose en effet dans les calculs que le taux de capitalisation des fonds de l'assurance sera en moyenne de 3 0/0. Et il semble bien en effet que, pour l'instant, cette donnée soit suffisante et même un peu au-dessous de la réalité.

Mais rien ne prouve que ce taux moyen de 3 0/0 doive se maintenir dans l'avenir. C'est principalement avec le système d'une caisse centrale faisant presque tous ses placements en valeurs d'Etat, que la baisse du taux de l'intérêt est le plus à redouter. Cette baisse atteint en effet d'abord les valeurs les plus sûres. Et il n'est pas douteux que, si d'ici à une trentaine d'années aucune grande guerre ne vient troubler la paix européenne, si aucune grande crise économique ne se produit, la tendance à la baisse du taux de capitalisation des bonnes valeurs ne fera que s'accentuer.

Or, c'est précisément dans une trentaine d'années que le service des retraites exigera les plus gros sacrifices de l'Etat. Si, à ce moment, le taux de l'intérêt des fonds nationaux se trouve ramené à 2 0/0, ce qui est une hypothèse parfaitement plausible, l'Etat, outre les allocations qu'il a promises, sera obligé de fournir à la Caisse des retraites les sommes nécessaires pour garantir aux versements patronaux et ouvriers un taux de capitalisation suffisant.

C'est là un danger, qui, pour n'être ni apparent ni immédiat, n'en est pas moins réel, et avec lequel il faut compter, lorsqu'on veut prévoir les charges futures de l'Etat. Mais il est difficile d'apprécier à l'avance quels sacrifices incomberaient de ce chef à l'Etat. En 1901, devant la Chambre, M. Caillaux, ministre des finances, évaluait cette charge future, à l'époque du plein fonctionnement, en supposant le taux de capitalisation de la rente tombé à 2 0/0, à un maximum de 120 millions par an. Cette approximation nous paraît être en effet un véritable maximum. D'autres ont nié complètement cette cause éventuelle de charges. Entre ces deux appréciations extrêmes il est certain qu'il y a place pour une raisonnable prévision.

Retenons seulement qu'à côté des dépenses apparentes de l'assurance, dont le total est déjà imposant, le système de la capitalisation contient en outre une source cachée de dépenses futures, provenant de la garantie d'intérêts que l'Etat s'engage moralement à assurer à la Caisse des retraites. Nous aurons ainsi une vue d'ensemble des charges totales de l'Etat, tant certaines qu'éventuelles.

CHAPITRE II

Quelle que soit l'importance du chiffre admis — mettons entre 50 et 250 millions — l'institution des retraites ouvrières entraîne pour l'Etat des dépenses immédiates, qui sortent nécessairement du cadre ordinaire du budget. Ces dépenses, il importe maintenant de voir de quelle façon elles se traduiront dans le budget de l'Etat, et au moyen de quelles ressources budgétaires on pourra y faire face.

Le système indiqué à cet égard dans le projet de 1904 paraît avoir reçu l'agrément de la Chambre et du gouvernement, car il n'y a été porté depuis aucune atteinte. L'article 55 dudit projet l'énonce ainsi :

« Il sera pourvu aux différentes allocations prévues par la présente loi et aux frais de son application au moyen d'un crédit annuel ouvert à un budget annexe du budget du ministère du commerce et d'un fonds de bonifications administré, sous l'autorité du Ministre du commerce, par la section permanente du Conseil supérieur des retraites ouvrières et géré par la Caisse des dépôts et consignations. »

Ainsi le service des retraites se traduit budgétairement par l'ouverture d'un crédit annuel au budget. Mais pour bien isoler les opérations relatives à la nouvelle institution, les recettes et les dépenses de ce service feront l'objet d'un budget annexe rattaché pour ordre au budget du ministère du commerce (nous dirions aujourd'hui du ministère du travail).

En outre on prévoit la création d'un fonds de bonifications spécial, destiné à faciliter la mise en application immédiate de la loi et à supporter définitivement certaines dépenses. Ce qui justifie la création de ce fonds spécial, c'est l'existence de certaines ressources sur lesquelles on peut déjà compter et qui seront suffisantes pour l'alimenter. Ces ressources sont énumérées par l'article 55, § 2 du projet de 1904. En voici le résumé.

Le fonds de bonifications serait alimenté :

1° a) Par les versements unilatéraux effectués par les employeurs pour certains ouvriers âgés de plus de 60 ans ;

b) Par les versements exigés desdits employeurs pour les ouvriers étrangers, immatriculés ou non, qu'ils occupent dans leurs entreprises ;

c) Par les versements patronaux effectués pour des ouvriers qui, ayant demandé la liquidation de leur pension de retraite à 50 ans, continuent cependant à travailler ;

2° Par les capitaux *réservés*, en cas de déshérence ou par l'effet de la prescription, s'ils n'ont pas été réclamés dans les 30 années qui suivent le décès du titulaire ;

3° Par le montant des majorations ou allocations qui resteraient dues au décès des titulaires, à défaut par les héritiers d'avoir fait valoir leurs droits dans le délai d'un an ;

4° Par le montant des amendes prévues à l'article 38 ;

5° Par les arrérages non perçus au bout de 5 ans, conformément à l'article 2277 du Code civil ;

6° Par la portion non employée annuellement du revenu visé à l'article 4 de la loi du 31 décembre 1895 (revenu de la moitié du produit de la vente des joyaux de la couronne) ;

7° Par le produit annuel des valeurs postales prescrites en exécution de l'article 3 de la loi du 4 août 1898 ;

8° Par le produit annuel des sommes atteintes par la déchéance spécifiée à l'article 43 de la loi du 16 avril 1895 ;

9° Par les dons et legs qui peuvent être faits à l'Etat, avec affectation audit fonds.

La prévision des ressources dont il est fait état dans cette liste est parfaitement légitime. Dans l'esprit des auteurs du projet, ce fonds de bonifications doit servir à la majoration spéciale des retraites des ouvriers étrangers, et en outre, autant que possible, à couvrir les frais de gestion de la Caisse des retraites.

On voit que le rôle de ce fonds spécial ne pourra jamais qu'être modeste. Aussi des deux moyens financiers prévus pour assurer l'équilibre budgétaire de la réforme, est-ce le moindre et le moins discuté. L'autre moyen, le principal, est celui qui consiste dans l'ouverture d'un crédit annuel au budget annexe créé à cet effet. Or un crédit ne s'ouvre pas sur l'inconnu, sur le néant. La question se pose donc de savoir à quelles sources de recettes on s'adressera pour alimenter ce crédit.

Il est une source générale et indéterminée de recettes qui ⁓ffort d'invention, ce sont les excédents budgétaires. Aussi certains réformateurs imprévoyants s'en remettent-ils purement et simplement auxdits excédents du soin d'équilibrer le projet de retraites. Mais c'est là un pur trompe-l'œil, qui revient en réalité à ne rien équilibrer du tout. Les excédents budgétaires sont en effet chose essentiellement instable ; on ne saurait en prévoir à l'avance ni l'existence. ni le montant, et cette incertitude convient peu à un service comme celui des retraites ouvrières qui exige des garanties et des sûretés particulières. De plus ces excédents ne seront jamais tels qu'ils suffisent à assurer longtemps le fonctionnement de l'assurance. On ne saurait donc s'y arrêter comme à un moyen financier sérieux. Tout au plus pourrait-on les affecter à compenser les charges permanentes de l'Etat, dans la mesure où les circonstances le permettront.

De toute façon, en l'absence de ressources actuelles suffisantes, il faut faire appel à des ressources nouvelles, à des recettes extraordinaires. Or ces ressources ne peuvent être que de trois sortes : l'emprunt, les bénéfices des monopoles industriels, enfin l'impôt.

1° *L'emprunt.* — L'emprunt est un moyen légitime de se procurer des ressources, lorsqu'il s'agit de besoins urgents, ou de dépenses, qui par leur caractère extraordinaire et exceptionnel, dépassent les cadres du budget. A ce titre, l'emprunt est souvent une nécessité. Mais on ne conçoit pas, qu'au moment même où elle organise une œuvre de longue haleine, dont les dépenses affectent un caractère périodique et deviennent un compartiment du budget annuel, une nation soucieuse de son avenir financier, s'en remette à ce procédé anormal et coûteux. L'emprunt pour faire face aux dépenses des retraites ouvrières, ce serait forcément l'emprunt à jet continu, illimité ; ce serait la ruine totale de nos finances et de nos budgets. Ce serait enfin un aveu d'impuissance devant l'œuvre à réaliser. Sans lier en effet le sort des retraites ouvrières à tel ou tel système fiscal déterminé, il faut qu'il soit bien entendu que la réforme n'est possible que si, à côté des charges qu'elle impose à l'Etat, on trace les grandes lignes des voies et moyens par lesquels celui-ci fera face à ces charges.

Or, l'emprunt ne répond nullement à cette règle de prudence financière, car tout emprunt a pour conséquence d'augmenter les charges de l'Etat non seulement en capital, mais en arrérages annuels. Enfin, dans un pays comme le nôtre, dont la dette publique est la plus élevée qui soit au monde, il semble bien que la possibilité d'emprunter soit réduite à son minimum, et cette possibilité doit être réservée pour les cas vraiment exceptionnels et qui peuvent s'imposer un jour ou l'autre, où un emprunt est chose inévitable.

On peut cependant concevoir, en dehors de tout esprit d'aventure, que l'emprunt joue un certain rôle dans le fonctionnement des retraites ouvrières, en ce qui concerne principalement le début des opérations et pour faciliter à l'Etat sa tâche d'assurer le service des rentes pendant la période transitoire. L'article 40 du texte voté par la Chambre en 1906 dispose en effet :

« En cas d'insuffisance des ressources budgétaires, les sommes nécessaires au service des dispositions transitoires pourront être avancées, dans une proportion déterminée chaque année par la loi de finances et qui ne pourra excéder la moitié des contributions patronales, par la Caisse nationale des retraites ouvrières, au taux d'intérêt annuel fixé pour les tarifs de cette caisse. En représentation de ces avances, le Trésor remettra à la Caisse des obligations terminables dont la loi de finances déterminera la durée. »

Il faut bien comprendre le caractère de ce procédé. Il faut en effet se garder de le confondre avec un procédé de répartition et de le prendre pour une mainmise de l'Etat sur les sommes recueillies par la Caisse des retraites. Il s'agit en réalité d'un véritable emprunt, d'une avance que la Caisse fait à l'Etat pour lui permettre de faire face plus commodément aux exigences de la période transitoire. Ces avances portent intérêt au profit de la Caisse et constituent pour elle un véritable placement. Quant à l'Etat, il joue le rôle d'emprunteur, paie l'intérêt de ces avances, mais il a en outre la sagesse d'en prévoir le remboursement. A côté de l'emprunt, il place tout de suite le procédé d'amortissement qui doit permettre le remboursement de cet emprunt. L'Etat se lie lui-même au moyen d'une série d'annuités terminables, payables dans un délai déterminé à l'avance.

Réduit à ces modestes proportions, et combiné avec la prévision d'un amortissement automatique, à l'anglaise, l'emprunt se justifie alors parfaitement. Il échappe aux critiques que soulève l'emprunt illimité et en perpétuel. Il devient un simple procédé financier, et peut être une solution élégante pour l'Etat de la péréquation dans le temps des charges qui lui incombent.

Mais là doit se borner son rôle. Il faut remarquer en effet que si l'Etat se propose de rembourser une partie de sa dette publique, au moyen des fonds accumulés dans la Caisse des retraites, la condition nécessaire de cet amortissement est qu'il n'emprunte pas d'un côté, alors qu'il amortit de l'autre. L'amortissement dans ce cas deviendrait une opération illusoire et vaine. Et cela est une raison de plus, pour ne pas demander à l'emprunt de combler les déficits que le service des retraites creusera dans les futurs budgets de l'Etat.

2° *Les bénéfices résultant de l'exploitation de monopoles industriels.* — Une autre solution, qui, aux yeux de certains, a le mérite de ne rien exiger directement des contribuables et de ne se traduire par aucune charge budgétaire nouvelle, serait de demander à l'exploitation d'un monopole d'Etat les ressources nécessaires au service de l'assurance. Et, comme les bénéfices des monopoles actuellement exploités sont versés au budget général et ont à ce titre leur affectation aux dépenses d'ordre général, on demande à l'Etat de se charger de nouveaux monopoles. Les bénéfices résultant de ces nouvelles exploitations seraient alors spécialement affectés au service des retraites ouvrières.

Mais quelle est l'industrie assez simple pour pouvoir être exercée par l'Etat et assez importante pour offrir les ressources nécessaires, que l'on adoptera ? On ne peut guère

citer que l'industrie des chemins de fer et celle du monopole de la fabrication, de la rectification et de la vente de
l'alcool. Et ce sont en effet celles que l'on a mises en avant.

Peut-être est-ce là en effet la solution de l'avenir. Devant
le flot croissant des dépenses sociales, peut-être l'Etat sera-
t-il amené à se charger d'un de ces grands monopoles et à
l'exploïter fiscalement dans le but d'en tirer des ressources
importantes. Mais ce serait reculer par trop loin la réalisation des retraites ouvrières que de la subordonner à la prise
en charge par l'Etat d'un de ces monopoles.

Dans un pays comme le nôtre, où abondent les propriétaires récoltants, tous plus ou moins bouilleurs de cru, le
monopole de l'alcool ne semble pas près d'être abandonné
à l'Etat. Des discussions récentes ont montré surabondam-
ment que les bouilleurs de cru tiennent à leur privilège et
qu'ils savent merveilleusement défendre leurs intérêts. Il
n'est pas douteux qu'en l'état actuel des choses ils feraient
échec à tout projet de monopolisation de l'alcool.

Quant au rachat des chemins de fer, c'est une opération
qui n'a avec les retraites ouvrières aucun point commun.
Il ne peut être question de soutenir sérieusement que le
rachat doit avoir pour but de rendre possible l'œuvre des
retraites. L'exploitation des chemins de fer ne saurait
être envisagée comme une exploitation fiscale. Les partisans du rachat sont les premiers à faire valoir les avantages
que présenterait l'exploitation par l'Etat au point de vue
commercial et économique. Les chemins de fer sont en effet
comme les postes et télégraphes un service organisé principalement dans l'intérêt du public.

Pour peu enfin que se manifestent, dans le monopole des chemins de fer rachetés, les mêmes tendances vers l'autonomie budgétaire qui se font jour dans le monopole postal, on peut s'attendre à voir disparaître toute possibilité d'employer les recettes des chemins de fer de l'Etat au service des retraites. Avec l'autonomie budgétaire en effet, le service monopolisé reprend la libre administration de ses recettes et de ses bénéfices. Et il n'est pas douteux que ceux-ci devraient d'abord être employés à améliorer le sort du personnel, à abaisser les tarifs, à réaliser toutes les améliorations matérielles que comporte le service des chemins de fer, plutôt que d'être affectés à des dépenses qui lui sont complètement étrangères.

Ainsi de cette solution monopolisatrice, il ne reste pour l'instant rien de pratique. Et il faut chercher ailleurs les moyens financiers propres à équilibrer la réforme. Il faut en revenir, malgré le déplaisir qu'on ait à le faire, au moyen le plus ordinaire, qui consiste à augmenter les impôts existants ou à créer de nouveaux impôts, chaque fois que l'on crée des dépenses nouvelles ou que l'on augmente les anciennes.

3° *L'impôt.* — Ce serait se leurrer en effet de s'imaginer que l'Etat puisse s'imposer des charges aussi considérables que celles qui dérivent du service des retraites ouvrières, sans qu'il en coûte rien au contribuable. On peut s'arranger pour qu'au début, les premières dépenses soient couvertes à l'aide des excédents budgétaires, s'il en existe, et des avances faites à titre de prêt à l'Etat par la Caisse des retrai-

tes. Mais ces procédés ne sauraient mener bien loin Il faut
en arriver rapidement à créer des ressources nouvelles, et
ce sont ces ressources qui finalement doivent être demandées à l'impôt. Reste à savoir sous quelle forme les nouveaux subsides seront imposés.

Mais auparavant une idée qui se dégage de la discussion,
et sur laquelle on trouve un grand nombre d'opinions concordantes, c'est que les ressources nouvelles, quelles qu'elles
soient, devront avoir le caractère très net de ressources spécialement affectées à l'œuvre des retraites ouvrières. Il ne
faut pas, dit-on, que ces ressources tombent dans la caisse
générale du budget, mais bien plutôt qu'elles forment une
sorte de dotation spéciale de l'assurance, dont l'Etat aura
simplement la gestion. Si l'on demande aux contribuables
de nouveaux sacrifices, il faut qu'ils puissent suivre l'emploi
des nouvelles impositions, il faut que chacun se rende
compte de la part pour laquelle il contribue à cette œuvre
sociale, et puisse s'assurer que les sommes versées par lui
pour le service des retraites ne pourront en aucun cas être
distraites de leur destination initiale et être employées à
d'autres usages.

C'est là en effet une idée qui a sa valeur. Mais il faut remarquer que c'est une atteinte très nette portée au grand
principe de l'unité budgétaire, qui est un principe de clarté
et de bonne comptabilité. Nous ne croyons pas cependant
que la rigueur de ce principe s'oppose à la spécialisation
qu'on réclame. Il y a des cas où les principes eux-mêmes
doivent fléchir devant un intérêt supérieur. Or il y a ici,

même au point de vue purement financier, un intérêt à ce que le budget des recettes du service des retraites ouvrières soit un budget distinct. Ce ne sera pas, remarquons-le bien, un budget autonome, mais ce sera un budget annexe, qui pourra être rattaché pour ordre au budget général de l'Etat, comme le sont tous les budgets annexes existants.

Une fois d'accord sur cette idée, reste à savoir à quelles catégories d'impôts on s'adressera pour doter le budget des retraites ouvrières des ressources nécessaires

La première solution qui vienne à l'esprit consiste à tirer parti des impôts actuels, et à éviter ainsi la création toujours impopulaire de taxes nouvelles. M. Rouvier, ministre des finances, avait indiqué déjà depuis longtemps, qu'il suffirait de mettre un ou deux décimes additionnels sur les principaux impôts existants, pour obtenir les sommes nécessaires aux charges permanentes de l'Etat. Pour donner satisfaction aux partisans de la spécialité, il était entendu que ces décimes auraient une affectation spéciale et que leur produit serait exclusivement consacré au service des retraites. Voici sur quels impôts pourrait porter l'augmentation, et quel est le rendement actuel de ces impôts (chiffres du budget de 1907) :

Contributions directes	509.841.601
Taxes assimilées aux C. directes . .	44.087.939
Enregistrement	681.234.600
Timbre	204.172.400
Taxes sur les valeurs mobilières (y compris l'impôt sur les opérations de Bourse)	93.543.000
Total	1.532.879.540

La valeur du décime sur le montant total de ces impôts étant d'environ 150 millions, on voit qu'il suffirait de 1 décime et demi ou 2 décimes pour fournir à l'Etat les sommes nécessaires, même avec les évaluations les plus élevées.

Ce procédé a l'avantage de ne toucher en rien à notre système fiscal. C'est une simple augmentation des taxes existantes, avec affectation spéciale donnée à cette augmentation. On remarquera en outre qu'il ne demande rien de plus aux impôts de consommation, et cette exception se justifie parfaitement, car ces impôts pèsent lourdement sur la partie la moins riche de la population, c'est-à-dire sur celle à qui l'on demande déjà d'effectuer des versements pour les retraites.

Néanmoins, on reproche à ce procédé de consolider un régime fiscal qui a fait son temps et qui devrait être remplacé par un système général d'impôt sur le revenu. Avec le sytème des décimes, le rentier par exemple ne paiera rien ou presque rien au budget de la solidarité sociale. Donc, tandis que d'un côté on prélève sur les salaires un tant pour cent assez élevé (certains estiment qu'il est en réalité de 5 0/0), on ne demande rien d'autre part aux rentiers de l'Etat qu'aucun impôt n'atteint dans leurs revenus. L'iniquité du régime fiscal actuel s'accroît d'ailleurs d'autant plus, qu'on surajoute aux tarifs existants des tarifications additionnelles, qui ne tiennent aucun compte des facultés des contribuables. Il en serait différemment, dit-on, dans un système d'impôt sur le revenu. Là, la contribution de chacun étant fixée proportionnellement à ses facultés *réelles*, la solution qui consiste à ajouter un certain nombre de décimes au principal de l'impôt, deviendrait une bonne solution. C'est peut-être en effet la solution de l'avenir.

Mais pour l'instant, en l'absence d'un système général d'impôt sur le revenu, on a voulu chercher ailleurs les moyens d'équilibrer la réforme et, toujours sans créer de taxes nouvelles, on a pensé à demander un complément de ressources à l'impôt sur les successions. Cet impôt donne en effet satisfaction à ceux qui veulent voir la partie riche de la population contribuer dans une large mesure aux dépenses de la réforme. Aux patrons et aux ouvriers on demande des versements puisés dans leurs bénéfices et dans leurs salaires; aux possédants, à quelque catégorie qu'ils appartiennent, on demandera une part plus importante de leurs biens, au moment où ces biens seront l'objet d'une mutation successorale. Ainsi toutes les classes de la société seront atteintes et on aura vraiment un budget des retraites qui sera un budget de solidarité sociale.

C'était là un projet séduisant avant que n'ait été réalisée la réforme de 1901 qui a augmenté sensiblement les revenus tirés des taxes successorales. Mais aujourd'hui, il est difficile de soutenir qu'une accentuation de la progression dans les impôts de ce genre, puisse suffire à équilibrer la réforme des retraites ouvrières. Les droits successoraux rapportent annuellement 220 à 230 millions de francs qui sont affectés aux dépenses communes. Il ne faudrait rien moins que doubler les tarifs pour arriver à trouver les ressources nouvelles nécessaires. Or les tarifs actuels comprennent des taux de 20,50 0/0 ; on voit à quelle progression écrasante on arriverait, si l'on voulait tout tirer de l'impôt des successions.

Il y a pourtant là un élément de solution à retenir. D'abord le produit des taxes successorales a une tendance à augmenter constamment, à mesure que se développe la richesse publique. De plus, de bons esprits, M. Poincaré entre autres, estiment qu'il y a encore quelque chose à tirer de l'impôt des successions. Ils évaluent le produit d'une progression un peu plus accentuée, et de certaines mesures destinées à prévenir les fraudes, à 80 millions environ. Ce n'est certes pas tout ce qui est nécessaire. Mais c'est un premier élément qui pourrait servir de fonds de dotation au budget des retraites, et qui permettrait d'assurer la mise en mouvement de la loi.

En face de ces solutions fragmentaires et timides qui ne touchent rien à notre système fiscal, toute une catégorie d'auteurs proposent la création d'un impôt nouveau très net, qui porterait le nom de *taxe de solidarité*, dont le produit serait spécialement affecté au budget des retraites et qui serait payé par l'ensemble de la population. M. Mirman s'est fait, à plusieurs reprises (1), le défenseur éloquent de cette solution. Mais il ne faut pas oublier que, dans l'esprit de ses partisans, cette solution est celle qui accompagne l'adoption d'un système de répartition pour le mécanisme intérieur de la caisse des retraites. On peut concevoir néan-

---

(1) V. notamment son discours à la Chambre, *J. off.*, séance du 6 juin 1901.

moins la création d'une pareille taxe pour faire face aux
charges qui incombent à l'Etat dans un système de capitalisation. On a proposé dans ce sens des taxes d'un certain
nombre de journées de travail, on a proposé aussi des taxes
dont le taux serait fixe pour tous. Mais pour que cette taxe
nouvelle réponde véritablement au but de solidarité qu'elle
se propose, il faudrait qu'elle puisse se modeler sur les facultés de chaque contribuable. Il serait juste en effet que
chacun contribue selon ses ressources aux charges de l'assurance ouvrière. Mais il faudrait alors que la taxe nouvelle soit elle-même comme une sorte de petit impôt sur le
revenu.

Nous en revenons donc à cette constatation que, du point
de vue de la solidarité, seul un système d'impôt général sur
le revenu peut donner satisfaction à l'idée qui veut que, dans
la nation, chacun contribue à l'œuvre des retraites, selon ses
facultés réelles.

Dans un sytème d'impôt sur le revenu en effet, il suffirait d'ajouter un certain nombre de décimes additionnels au
principal de l'impôt, avec affectation spéciale au service des
retraites, pour obtenir les ressources nécessaires. Et cette
solution ne soulève pas d'autres objections que celles que
soulève l'adoption elle-même d'un système d'impôt sur le
revenu.

Que si l'on veut s'en tenir au système fiscal actuel, il faut
éviter de faire subir aucune augmentation aux impôts indi-
rects de consommation. On peut alors prévoir un ensemble
de relèvements de droits, qui effectués à la fois sur certaines

contributions directes, sur les taxes des valeurs mobilières
et sur l'impôt successoral, donneraient un montant tout juste
suffisant de recettes nouvelles. Mais c'est là une solution
peu élégante. Peut-être même à cause de cela est-ce la plus
pratique. C'est en tous cas celle que l'on pourrait essayer de
réaliser immédiatement, en attendent le jour où l'adoption
de l'impôt sur le revenu permettra de donner plus d'ampleur
à la solution.

Quelle que soit la solution fiscale adoptée, il y a d'ailleurs
une question qui se pose, et que tout ministre des finances
considère comme devant être résolue préalablement à toute
autre ; c'est celle de savoir, si le contribuable français pourra
supporter dans l'avenir le poids des charges élevées qui incomberont à l'État du chef des retraites ouvrières. Or c'est
là une question très discutable. Certains font remarquer
que le contribuable de notre pays est le plus imposé de
tous ; les intéressés prétendent qu'il est impossible d'ajouter de nouvelles charges à celles qu'ils supportent actuellement. Des catégories entières de citoyens, les propriétaires
fonciers petits et moyens, les petits commerçants, les patrons artisans, se plaignent de la lourdeur des impôts qu'ils
paient. Et de fait, le cri de ralliement de la politique financière de ces dernières années a été : Ni impôts nouveaux,
ni emprunts nouveaux. D'autres prétendent au contraire
que, pour les classes aisées, le maximum d'imposition n'a
pas été atteint, et que les classes possédantes sont loin
d'avoir restitué aux travailleurs, sous forme d'œuvres sociales, tout ce qui leur est dû. On fait valoir en outre le dé-

veloppement de la richesse publique et la nécessité de tenir compte de ce développement.

Sans nier que certaines catégories de contribuables soient plus épargnées que d'autres dans notre régime fiscal, il semble bien que ce soit la première manière de voir qui se rapproche le plus de la vérité. C'est l'opinion secrète de la plupart de nos ministres des finances. Et c'est sans doute cette opinion, autant que le souci de ménager les finances de l'Etat, qui a inspiré M. Caillaux, lorsqu'en 1906 il a demandé à ce que les charges de l'Etat dans les dépenses des retraites ouvrières soient limitées à un maximum. Il fixait lui-même ce maximum à 100 millions par an, jusqu'à nouvel ordre. Et l'on sait que cette somme est tout juste suffisante pour assurer le service des retraites pendant les quelques premières années.

Budgétairement cependant, il n'est pas douteux que cette limitation soit nécessaire. L'Etat en effet a besoin de savoir où il va. Fiscalement, elle ne l'est pas moins, car l'Etat, il ne faut pas le perdre de vue, n'est pas autre chose que la collectivité. Ce que l'on demande à l'Etat, c'est à la nation qu'on l'impose. Il y a donc à tenir compte ici, non seulement de l'intérêt bien entendu des finances publiques, mais aussi des facultés particulières des contribuables. C'est ici aussi qu'il faut tenir compte de la solidarité qui unit toutes les classes de la société, et faire en sorte que le pays tout entier ne soit pas atteint dans ses forces vives par un effort financier qui dépasserait ses facultés contributives.

CONCLUSION GENERALE

Du point de vue financier auquel nous nous sommes principalement placés, le problème des retraites ouvrières apparaît comme singulièrement complexe et soulève plusieurs difficultés de principe ou d'organisation, qui sont parmi les plus délicates que le législateur français ait eu depuis longtemps à résoudre. La première de ces difficultés vient de l'absence de données techniques suffisantes pour établir le système sur des bases exactes. C'est là un inconvénient dont il faut prendre son parti, en ayant soin seulement de doter la nouvelle institution des moyens de se contrôler et de se perfectionner elle-même, en utilisant les résultats de son propre fonctionnement.

Autrement grave est la question du système financier à adopter pour le mécanisme intérieur de la caisse des retraites. Ce ne sont pas seulement ici des arguments d'ordre pratique qui se heurtent, ce sont des principes et des conceptions générales. Entre les deux grands systèmes possibles, capitalisation ou répartition, chacun se décide le plus souvent suivant ses tendances politiques et sociales. Laissant toute opinion préconçue de côté, nous avons essayé de démontrer que seul le système de la capitalisation est un système scientifique, présentant pour l'avenir toutes les conditions de sécurité nécessaires. Il est vrai que si l'on néglige volontairement cette considération, et si l'on fonde uniquement sur le crédit général de l'Etat tout l'avenir de l'institution nouvelle, aucun argument décisif ne s'oppose à l'adoption d'un système de répartition. Mais nous croyons qu'en pareille matière, le souci d'assurer l'avenir doit être prépondérant et, à ce point de vue, il est indéniable que le système de la capitalisation est le seul qui garantisse matériellement le service régulier des pensions, et est celui qui ménage le mieux le crédit futur de l'Etat.

Ce n'est pas à dire que ce système soit exempt d'inconvénients. Il en a un important, qui réside dans la difficulté de placer et de gérer les sommes énormes qui devront être accumulées. Ici, nous avons estimé que la politique financière suivie en Allemagne par les caisses régionales était celle qui cadrait le mieux avec le but social de l'assurance. Au lieu de laisser les capitaux recueillis s'immobiliser dans les caisses, il nous a paru qu'il y avait un intérêt à les faire participer aux œuvres de la vie économique et sociale, à en faire une sorte de réserve où le pays pourrait puiser, sous certaines garanties, pour ses besoins les plus divers. C'est aussi cette considération qui nous a fait préférer le système des caisses régionales au système de la caisse d'Etat unique, comme types d'organes de l'assurance. A défaut des caisses régionales, il est certain toutefois, que le système de la caisse unique gagne beaucoup à être mitigé par l'existence parallèle d'un certain nombre d'autres institutions et associations autorisées à faire le service des retraites, en vertu du principe de la liberté du choix de l'assureur.

Enfin, en ce qui concerne les moyens propres à équilibrer la réforme au point de vue budgétaire, la nécessité de créer des ressources nouvelles, spécialement affectées au service des retraites, s'impose. Sans doute, une accentuation assez prononcée de certaines de nos taxes actuelles permettrait d'assurer la mise en fonctionnement de la loi. Mais l'importance des dépenses ultérieures, ne tardera pas à nécessiter la création d'une contribution spéciale portant sur la généralité des citoyens, à moins que l'adoption d'un système général d'impôt sur le revenu ne permette de donner une solution plus aisée et plus équitable au problème.

Sans rien présager des résolutions que prendront les Chambres sur ces différents points, on peut cependant affirmer que la conception qui triomphera ne sera point une conception absolue. Ce qui est plus important que la foi dans l'efficacité de tel ou tel système, c'est l'intelligence des nécessités de l'organisation pratique. Or ces nécessités sont multiples dans un problème comme celui des retraites ouvrières, et elles ne peuvent manquer de s'imposer tôt ou tard au Parlement.

L'essentiel est en effet de faire une œuvre pratique, vivante et perfectible dans toutes ses parties. Pour cela, mieux vaut peut-être n'avoir pas de trop grandes prétentions et ne pas embrasser du premier coup un trop vaste champ. On a reproché, en France, aux allemands, d'avoir fait de l'assurance ouvrière *à dose homéopathique*. C'est vraiment rabaisser l'œuvre accomplie par nos voisins que d'énoncer cette opinion. Les résultats de l'expérience allemande sont

assez importants pour faire justice de cette critique. Sans
doute nous avons, en France, l'ambition de faire mieux et
de faire plus grand. C'est une ambition légitime, mais il y
a un excès contraire dans lequel il faut se garder de tomber.
Il ne faut pas que la réforme des retraites ouvrières devienne
un tremplin pour la surenchère des partis. L'essentiel en
fait de réformes n'est pas de promettre beaucoup, mais de
tenir assez. Nous devons savoir ce que nous pouvons apporter à la classe ouvrière et avoir le courage et la loyauté
politique de le lui dire, en lui montrant, d'autre part, les
charges que le service des retraites fera peser sur l'ensemble du pays.

A ce point de vue, ce n'est point être modéré que d'affirmer que le texte voté par la Chambre en février 1906 est
allé trop loin. Des manifestations de ce genre nuisent à
l'aboutissement d'une réforme plutôt que de lui servir. Il ne
s'agit pas, en l'espèce, de faire des rentes à tous les citoyens
français qui n'en possèdent point, il s'agit de fournir les
moyens de subsister aux *travailleurs* que l'âge ou l'invalidité rend incapables de gagner leur vie. C'est là un but suffisant et précis auquel il faut savoir se tenir. A cette condition seulement on pourra faire une œuvre capable de rentrer
dans le cadre de notre budget sans le faire éclater.

De ce genre était le projet de MM. Millerand et Guieysse
adopté par la Commission d'assurance et de prévoyance sociales de la Chambre et rapporté par M. Guieysse en 1904.
Ce projet, parfaitement étudié et mesuré, apportait une solution acceptable, dictée par la plus grande compétence

technique et par le souci constant de concilier les grands
intérêts en présence, l'intérêt des travailleurs et celui des
finances publiques. Il est regrettable qu'il ait été dénaturé
et dépassé inconsidérément dans les discussions ultérieures.

Mais il est à présumer que la Chambre reviendra à une
plus saine appréciation de ce qu'il est possible de faire et
des charges nouvelles qu'on peut imposer au pays. L'impo-
pularité, qui s'attache nécessairement à toute élévation sensible et apparente de l'impôt, inclinera sans doute les représentants du pays vers la solution raisonnable. Aussi bien,
n'est-ce peut-être pas uniquement la Chambre qui doit être
rendue responsable de l'ajournement et de l'échec momen-
tané de la réforme. Il y a à cet échec des causes plus pro-
fondes.

Sous un gouvernement démocratique en effet, il ne suffit
pas qu'un texte, combattu d'ailleurs par une fraction importante de la majorité, ait été voté, pour qu'une réforme soit
accomplie ; il y faut encore la consécration de l'opinion publique et l'adhésion des intéressés.

Or il ne semble pas qu'à l'heure actuelle, l'opinion publique en général, et les intéressés en particulier, soient suffisamment éclairés sur la nature et la portée de l'œuvre des
retraites ouvrières, ni sur les conditions pratiques de sa réalisation. De ce qui est une œuvre de prévoyance et d'assurance sociale, impliquant, *par définition même*, un certain
sacrifice à faire par l'intéressé, certains voudraient faire
une œuvre de pure assistance, consistant en subsides fournis
gratuitement par l'Etat. Telle paraît être la conception ou-

vrière, ou du moins celle qui s'est manifestée chez les syndicats ouvriers lors de l'enquête de 1901. Le principe de
l'obligation prend ici une signification spéciale : ce n'est
plus l'obligation pour chaque ouvrier de *s'assurer*, c'est
l'obligation d'*être assuré* aux frais de l'Etat. Or nous avons
montré que, spécialement au point de vue financier, le service des retraites ne peut être assez largement assuré que si
l'on réunit le concours des ouvriers, des patrons et de
l'Etat. La conception des syndicats crée donc un malentendu
initial, qui enlève à tous les projets présentés jusqu'à ce
jour l'adhésion morale de la classe ouvrière.

Quant à l'opinion générale du pays, elle est certainement
favorable au principe de la réforme, mais cette même opinion recule devant toute augmentation nouvelle des impôts,
et elle s'inquiète de savoir ce que les retraites ouvrières
coûteront aux contribuables. Aussi est-il facile de constater
que l'opinion publique n'opère pas, en la matière, la pression
qu'elle exerce, en d'autres circonstances, sur ses représentants.

Ce n'est cependant que lorsque l'opinion sera rassurée
sur les conséquences financières de la réforme, ce n'est
surtout que lorsque la classe ouvrière se sera rendu
compte de la nécessité de collaborer à la formation de ses
retraites, que le problème pourra recevoir une solution
définitive conforme aux conclusions générales que nous
avons essayé de dégager. Ce jour-là les travailleurs re-
cueilleront le fruit des patientes études faites depuis dix ans
par un petit nombre d'hommes passionnés pour l'œuvre à

accomplir, mais qui mirent toujours leur probité scientifique au-dessus de leurs opinions particulières. Dans les
réformes de ce genre, en effet, l'esprit de parti n'a rien à
faire, et le sentiment qui les inspire n'est rien lui-même s'il
n'est appuyé sur la science. C'est le cas de rappeler cette
belle parole de Léon Say : « Si le cœur doit être le moteur
des institutions de prévoyance, c'est la science qui doit en
tenir le gouvernail. »

Table de mortalité (C. R.) de la caisse nationale des retraites.
Survivants et population à chaque âge.

AGES	SUR-VIVANTS	POPU-LATION	AGES	SUR-VIVANTS	POPU-LATION
3 ans. . .	100.000	5.688.431	54 ans. . .	67.233	1.260.538
4 » . . .	99.285	5.588.431	55 » . . .	65.999	1.213.305
5 » . . .	98.708	5.489.146	56 » . . .	64.717	1.147.306
6 » . . .	98.244	5.390.438	57 » . . .	63.387	1.082.589
7 » . . .	97.870	5.292.194	58 » . . .	62.007	1.019.202
8 » . . .	97.561	5.194.324	59 » . . .	60.577	957.195
9 » . . .	97.294	5.096.763	60 » . . .	59.093	896.618
10 » . . .	97.045	4.999.469	61 » . . .	57.552	837.525
11 » . . .	96.790	4.902.424	62 » . . .	55.951	779.573
12 » . . .	96.505	4.805.634	63 » . . .	54.285	724.022
13 » . . .	96.176	4.709.129	64 » . . .	52.548	669.737
14 » . . .	95.796	4.612.953	65 » . . .	50.736	617.189
15 » . . .	95.361	4.517.157	66 » . . .	48.842	566.453
16 » . . .	94.870	4.421.796	67 » . . .	46.861	517.611
17 » . . .	94.326	4.326.926	68 » . . .	44.794	470.750
18 » . . .	93.734	4.232.600	69 » . . .	42.642	425.956
19 » . . .	93.096	4.138.866	70 » . . .	40.407	383.314
20 » . . .	92.423	4.045.770	71 » . . .	38.096	342.907
21 » . . .	91.724	3.953.347	72 » . . .	35.718	304.811
22 » . . .	91.011	3.861.623	73 » . . .	33.282	269.093
23 » . . .	90.297	3.770.612	74 » . . .	30.799	235.811
24 » . . .	89.598	3.680.315	75 » . . .	28.288	205.012
25 » . . .	88.918	3.590.717	76 » . . .	25.769	176.724
26 » . . .	88.260	3.501.799	77 » . . .	23.265	150.955
27 » . . .	87.623	3.413.539	78 » . . .	20.802	127.690
28 » . . .	87.002	3.325.916	79 » . . .	18.409	106.888
29 » . . .	86.388	3.238.914	80 » . . .	16.109	88.749
30 » . . .	85.777	3.152.526	81 » . . .	13.927	72.370
31 » . . .	85.165	3.066.749	82 » . . .	11.883	58.443
32 » . . .	85.551	2.981.584	83 » . . .	9.995	46.560
33 » . . .	83.935	2.897.033	84 » . . .	8.275	36.565
34 » . . .	83.319	2.813.098	85 » . . .	6.737	28.290
35 » . . .	82.701	2.729.779	86 » . . .	5.388	21.553
36 » . . .	82.081	2.647.078	87 » . . .	4.231	16.165
37 » . . .	81.454	2.564.997	88 » . . .	3.261	11.934
38 » . . .	80.817	2.483.543	89 » . . .	2.470	8.673
39 » . . .	80.165	2.402.726	90 » . . .	1.838	6.203
40 » . . .	79.495	2.322.561	91 » . . .	1.347	4.365
41 » . . .	78.807	2.243.066	92 » . . .	972	3.018
42 » . . .	78.102	2.164.259	93 » . . .	691	2.046
43 » . . .	77.382	2.086.157	94 » . . .	482	1.355
44 » . . .	76.646	2.008.775	95 » . . .	330	873
45 » . . .	75.894	1.932.129	96 » . . .	220	543
46 » . . .	75.120	1.856.235	97 » . . .	142	323
47 » . . .	74.316	1.781.115	98 » . . .	88	181
48 » . . .	73.472	1.706.799	99 » . . .	52	93
49 » . . .	72.579	1.633.327	100 » . . .	28	41
50 » . . .	71.629	1.560.748	101 » . . .	11	13
51 » . . .	70.618	1.489.119	102 » . . .	2	2
52 » . . .	69.546	1.418.501	103 » . . .	»	»
53 » . . .	68.417	1.348.955			

Taux et prix d'une rente viagère immédiate payable par trimestre.

(Tarif 3% C. R.)

AGES AU VERSEMENT	Montant de la rente produite par le capital de 1 fr.	Capital constitutif d'une rente viagère de 1 fr.	AGES AU VERSEMENT	Montant de la rente produite par le capital de 1 fr.	Capital constitutif d'une rente viagère de 1 fr.
3 ans . . .	0,0394	25,3807	53 ans . .	0,0728	13,7363
4 » . . .	0,0394	25,3807	54 » . .	0,0747	13,3869
5 » . . .	0,0306	25,2525	55 » . .	0,0767	13,0378
6 » . . .	0,0398	25,1256	56 » . .	0,0789	12,6743
7 » . . .	0,0400	25,0000	57 » . .	0,0812	12,3153
8 » . . .	0,0403	24,8139	58 » . .	0,0837	11,9474
9 » . . .	0,0406	24,6305	59 » . .	0,0864	11,5741
10 » . . .	0,0410	24,3902	60 » . .	0,0893	11,1982
11 » . . .	0,0413	24,2131	61 » . .	0,0924	10,8225
12 » . . .	0,0417	23,9808	62 » . .	0,0958	10,4384
13 » . . .	0,0420	23,8095	63 » . .	0,0994	10,0604
14 » . . .	0,0423	23,6407	64 » . .	0,1033	9,6805
15 » . . .	0,0427	23,4192	65 » . .	0,1075	9,3023
16 » . . .	0,0430	23,2558	66 » . .	0,1120	9,9286
17 » . . .	0,0433	23,0947	67 » . .	0,1169	8,5543
18 » . . .	0,0436	22,9358	68 » . .	0,1222	8,1833
19 » . . .	0,0439	22,7790	69 » . .	0,1279	7,8186
20 » . . .	0,0442	22,6244	70 » . .	0,1340	7,4627
21 » . . .	0,0445	22,4719	71 » . .	0,1406	7,1124
22 » . . .	0,0448	22,3214	72 » . .	0,1476	6,7751
23 » . . .	0,0452	22,1239	73 » . .	0,1553	6,4392
24 » . . .	0,0455	21,9780	74 » . .	0,1634	6,1200
25 » . . .	0,0459	21,7865	75 » . .	0,1722	5,8072
26 » . . .	0,0463	21,5983	76 » . .	0,1816	5,5066
27 » . . .	0,0467	21,4133	77 » . .	0,1916	5,2192
28 » . . .	0,0471	21,2314	78 » . .	0,2023	4,9432
29 » . . .	0,0476	21,0084	79 » . .	0,2138	4,6773
30 » . . .	0,0481	20,7900	80 » . .	0,2260	4,4248
31 » . . .	0,0487	20,5339	81 » . .	0,2390	4,1841
32 » . . .	0,0493	20,2840	82 » . .	0,2529	3,9541
33 » . . .	0,0499	20,0401	83 » . .	0,2675	3,7383
34 » . . .	0,0505	19,8020	84 » . .	0,2828	3,5361
35 » . . .	0,0512	19,5313	85 » . .	0,2985	3,3501
36 » . . .	0,0519	19,2678	86 » . .	0,3144	3,1807
37 » . . .	0,0527	18,9753	87 » . .	0,3304	3,0266
38 » . . .	0,0535	18,6916	88 » . .	0,3462	2,8885
39 » . . .	0,0543	18,4162	89 » . .	0,3623	2,7601
40 » . . .	0,0552	18,1159	90 » . .	0,3784	2,6427
41 » . . .	0,0561	17,8253	91 » . .	0,3959	2,5259
42 » . . .	0,0571	17,5131	92 » . .	0,4152	2,4085
43 » . . .	0,0582	17,1821	93 » . .	0,4382	2,2821
44 » . . .	0,0593	16,8634	94 » . .	0,4652	2,1496
45 « . . .	0,0605	16,5289	95 » . .	0,4997	2,0012
46 » . . .	0,0617	16,2075	96 » . .	0,5432	1,8409
47 » . . .	0,0631	15,8479	97 » . .	0,6010	1,6639
48 » . . .	0,0645	15,5039	98 » . .	0,6839	1,4622
49 » . . .	0,0660	15,1515	99 » . .	0,8278	1,2080
50 » . . .	0,0676	14,7929	100 » . .	1,1274	0,8870
51 » . . .	0,0692	14,4509	101 » . .	1,7229	0,5804
52 » . . .	0,0709	14,1044	102 » . .	3,2634	0,3064

Rentes viagères produites par le versement de 1 franc à capital aliéné (*Prime annuelle*).

(Tarif 3 % C. R.)

AGES AU VERSEMENT	JOUISSANCE DE LA RENTE A L'AGE DE		
	55 ans	60 ans	65 ans
15 ans	7,8364	12,3269	20,6777
16 »	7,4699	11,7738	19,7773
17 »	7,1161	11,2397	18,9079
18 »	6,7747	10,7243	18,0689
19 »	6,4454	10,2272	17,2597
20 »	6,1280	9,7481	16,4797
21 »	5,8221	9,2864	15,7282
22 »	5,5275	8,8417	15,0043
23 »	5,2438	8,4135	14,3072
24 »	4,9706	8,0011	13,6359
25 »	4,7075	7,6040	12,9894
26 »	4,4541	7,2215	12,3667
27 »	4,2100	6,8530	11,7668
28 »	3,9748	6,4979	11,1888
29 »	3,7481	6,1557	10,6318
30 »	3,5296	5,8260	10,0950
31 »	3,3191	5,5802	9,5777
32 »	3,1162	5,2020	9,0792
33 »	2,9207	4,9069	8,5989
34 »	2,7324	4,6226	8,1361
35 »	2,5509	4,3487	7,6902
36 »	2,3761	4,0848	7,2607
37 »	2,2077	3,8306	6,8470
38 »	2,0455	3,5858	6,4485
39 »	1,8893	3,3501	6,0648
40 »	1,7389	3,1232	5,6954
41 »	1,5942	2,9048	5,3398
42 »	1,4550	2,6946	4,9977
43 »	1,3211	2,4925	4,6686
44 »	1,1923	2,2981	4,3522
45 »	1,0685	2,1112	4,0480
46 »	0,9495	1,9316	3,7557
47 »	0,8352	1,7591	3,4749
48 »	0,7255	1,5935	3,2053
49 »	0,6202	1,4346	2,9466
50 »	0,5192	1,2822	2,6985
51 »	0,4225	1,1362	2,4609
52 »	0,3300	0,9965	2,2335
53 »	0,2416	0,8630	2,0162
54 »	0,1572	0,7355	1,8087
55 »	0,0767	0,6139	1,6108
56 »	»	0,4981	1,4223
57 »	»	0,3879	1,2429
58 »	»	0,2831	1,0723
59 »	»	0,1836	0,9104
60 »	»	0,0893	0,7568
61 »	..	»	0,6114
62 »	»	»	0,4740
63 »	»	»	0,3443
64 »	»	»	0,2222
65 »	»	»	0,1075

IV

Rentes viagères produites par chaque franc versé à capital aliéné (*Prime unique*). Tarif 3 0/0 C. R.

AGES AU VERSEMENT	JOUISSANCE DE LA RENTE A L'AGE DE		
	55 ans.	60 ans.	65 ans.
15 ans.	0,3665	0,5531	0,9004
16 »	0,3538	0,5341	0,8694
17 »	0,3414	0,5154	0,8390
18 »	0,3293	0,4971	0,8092
19 »	0,3174	0,4791	0,7800
20 »	0,3059	0,4617	0,7515
21 »	0,2946	0,4447	0,7239
22 »	0,2837	0,4282	0,6971
23 »	0,2732	0,4124	0,6713
24 »	0,2631	0,3971	0,6465
25 »	0,2534	0,3825	0,6227
26 »	0,2441	0,3685	0,5999
27 »	0,2352	0,3551	0,5780
28 »	0,2267	0,3422	0,5570
29 »	0,2185	0,3297	0,5368
30 »	0,2105	0,3178	0,5173
31 »	0,2029	0,3062	0,4985
32 »	0,1955	0,2951	0,4803
33 »	0,1883	0,2843	0,4628
34 »	0,1815	0,2739	0,4459
35 »	0,1748	0,2639	0,4295
36 »	0,1684	0,2542	0,4137
37 »	0,1622	0,2448	0,3985
38 »	0,1562	0,2357	0,3837
39 »	0,1504	0,2269	0,3694
40 »	0,1447	0,2184	0,3556
41 »	0,1392	0,2102	0,3421
42 »	0,1339	0,2021	0,3291
43 »	0,1288	0,1944	0,3164
44 »	0,1238	0,1869	0,3042
45 »	0,1190	0,1796	0,2923
46 »	0,1143	0,1725	0,2808
47 »	0,1097	0,1656	0,2696
48 »	0,1053	0,1589	0,2587
49 »	0,1010	0,1524	0,2481
50 »	0,0967	0,1460	0,2376
51 »	0,0925	0,1397	0,2274
52 »	0,0884	0,1335	0,2173
53 »	0,0844	0,1275	0,2075
54 »	0,0805	0,1216	0,1979
55 »	0,0767	0,1158	0,1885
56 »	»	0,1102	0,1794
57 »	»	0,1048	0,1706
58 »	»	0,0995	0,1619
59 »	»	0,0943	0,1536
60 »	»	0,0893	0,1454
61 »	»	»	0,1374
62 »	»	»	0,1297
63 »	»	»	0,1221
64 »	»	»	0,1147
65 »	»	»	0,1075

BIBLIOGRAPHIE

Thèses.

G. de Saint-Aubert. — L'assurance contre l'invalidité et la vieillesse en Allemagne. Paris, 1900. .

Korn. — Contribution à l'étude de la législation impériale allemande sur les assurances ouvrières et spécialement sur l'assurance des invalides. Dijon, 1901.

Lémonon. — Les assurances ouvrières, Paris, 1902.

O. Arsandaux. — Les retraites ouvrières en Belgique. Paris, 1903.

Emboulas. — La mutualité et les retraites ouvrières. Paris, 1905.

Recueils, Revues, Congrès, Enquêtes.

Dictionnaire des finances de Léon Say, Vo *Assurances, Caisse nationale des retraites pour la vieillesse.*

Séances et travaux de l'Académie des sciences morales et politiques, t. CLVII, 1902.

L'assurance obligatoire contre l'invalidité en Allemagne (Recueil de documents sur la prévoyance sociale publiés par le ministère du commerce), 1905.

Office du travail (Enquête de l').Les caisses patronales de retraites des établissements industriels, 1898.

Office du travail. Résultats statistiques du recensement général de la population effectué en mars 1901, 4 vol.

Enquête officielle sur la question des retraites ouvrières. Imprimerie nationale, 1901, 3 vol.

Rapport du jury international de l'Exposition de 1900 (Economie sociale, classe 109).

Bulletin du Comité permanent des Congrès internationaux des accidents du travail et des assurances sociales, années 1899 à 1907.

Institut des actuaires français. Bulletin trimestriel.

La Réforme sociale. Congrès international des retraites pour la vieillesse, juin 1901.

Paul Pic. — *Questions pratiques de législation ouvrière et d'économie sociale.* Etude sur le projet de loi de retraites, 1902.

Même revue, 1906, page 82.

Raoul Jay. — *Revue d'économie politique.* L'assurance ouvrière obligatoire, 1899, p. 105.

— *Revue politique et parlementaire.* L'assurance ouvrière et la Caisse nationale des retraites ouvrières, avril 1895.

— *Revue politique et parlementaire.* L'assurance ouvrière et la solidarité dans l'industrie, septembre 1905.

Maurice Bellom. — *Revue politique et partementaire.* La question des retraites ouvrières devant le Parlement, 1900, t. XXIII, p. 533.

— *Revue politique et parlementaire.* Retraites ouvrières (France), 1902, t. XXXI, p. 119 et 307.

— *Revue politique et parlementaire.* Les retraites ouvrières en France. Le referendum de 1901, janvier 1902.

Salaun. — *Revue politique et parlementaire* Le problème des retraites ouvrières à l'étranger, 1901, t. XXVIII, p. 102.

Léon de Seilhac. — *L'association catholique.*De l'assurance ouvrière, avril 1902.

E. Isabelle. — *L'association catholique.* Du mécanisme financier de l'assurance contre la vieillesse, août 1902.

G. de Saint-Aubert. — *L'association catholique.* Les leçons de l'expérience allemande, juin et octobre 1902.

Ch. Gide. — *Journal « Le Signal ».* Les retraites ouvrières, 15 juin 1901.

Dubois d'Enghien. — *Bulletin de l'association des actuaires belges.* Capitalisation et répartition, juin 1897.

L.Manigré.— *Même bulletin.* Répartition et capitalisation. juin 1897.

Ouvrages.

Condorcet. — Esquisse d'un tableau historique des progrès de l'esprit humain. Edition de 1822, p. 271.

Chaufton (A.). — Les Assurances, Paris, 1884-1886.

Cournot. — Exposition de la théorie des chances et des probabilités.

Leroy-Beaulieu (P.). — Traité d'économie politique, 4e édit., t. IV, p. 311 et suiv.

Cauwès (P.). — Cours d'économie politique, t. III, p. 571 et suiv.

Soulier (P.). — Les institutions de retraites des Compagnies de chemins de fer, Paris, 1900.

Lefort (J.). — Les caisses de retraites ouvrières, 2 vol., Paris,1906.

Pic (Paul). — Les lois ouvrières.

Les Retraites ouvrières, par MM. Cheysson, Suama, et Carmichaël, avec une préface et des notes complémentaires, Paris, 1905.

Bellom (M.). — Les lois d'assurance ouvrière à l'étranger, 6 vol. 1898-1906.

Guieysse (P.). — Les retraites ouvrières. Rapport fait au nom de la commission d'assurance et de prévoyance sociales chargée d'examiner les diverses propositions de lois relatives aux caisses de retraites ouvrières et portant création de retraites de vieillesse et d'invalidité, Paris,1904. Section française du Congrès des accidents de travail et des assurances sociales

Marie (Léon). — Rapport du jury international de l'Exposition de 1900 sur les institutions de prévoyance, classe 109.

Fuster (E.). — Rapport sur les retraites ouvrières en Allemagne adressé à M. le ministre du commerce, Paris, 1902.

— Documents sur les retraites ouvrières en Allemagne (*Recueil de documents sur la prévoyance sociale réunis par le ministère du commerce*, Paris, 1905).

— Capitalisation ou répartition dans les nouvelles lois sur l'assurance ouvrière en Allemagne (*même recueil*).

— Les capitaux des caisses de retraites allemandes et leur emploi (*même recueil*).

Paulet (G.). — Les assurances sociales en France de 1889 à 1905. Rapport au Congrès international de Vienne de 1905 (*même recueil*).

Lavy (A.). — L'œuvre de Millerand, Paris, 1902.

Imbert (P.). — Les retraites des travailleurs, Paris, 1905.

Arsandaux (O.). — Les retraites ouvrières en Italie, Paris, 1903.

Zacher (Dr). — Guide pour l'assurance ouvrière de l'empire allemand.

— L'assurance ouvrière dans les Etats d'Europe.

Talbot (J). — Les contrats de spéculation interdits, 2 vol., Paris, 1909.
— Le Public — et les lois boursières.

Les Non-Valeurs, par Ch. Albert...

Barberet (M.). — Legislation financière... ouvrières à Mulhouse, Paris...

Guheysse (B.). — Des fortunes mal... pin... la loi...

Froundelle, Paris...

Marie (Léon). — Rapport...

Nadler (F.). — Mémoire...

Fayolle (J.). — Rapport sur... ouvrières, Paris, 1905.

— ... et des réparations dans les nouvelles lois sur l'assistance et...

— Les ouvriers des mines...

Raffalovich. — Les assurances sociales...

Labor (J.). — ...

Grandmaison (P.). — Les relations ouvrières...

Paul (J.). — L'usine...

— Freedom... ouvrière dans... Etats-Unis...

TABLE DES MATIÈRES

TROISIÈME PARTIE

PLACEMENT DES FONDS ET ORGANES FINANCIERS DE L'ASSURANCE

QUATRIÈME PARTIE

DES VOIES ET MOYENS D'ORDRE BUDGÉTAIRE NÉCESSAIRES POUR ÉQUILIBRER LA RÉFORME AU REGARD DE L'ÉTAT

Imp. J. Thevenot. Saint-Dizier (Haute-Marne).

CPSIA information can be obtained
at www.ICGtesting.com
Printed in the USA
BVHW04*1059170918
527708BV00014B/1416/P